ABHANDLUNGEN

AUS DEM

STAATSWISSENSCHAFTLICHEN SEMINAR

ZU

STRASSBURG i. E.

HERAUSGEGEBEN

VON

G. F. KNAPP UND W. WITTICH.

HEFT XXV.

JOHANNES SCHEFFLER:
DAS GELDWESEN DER VEREINIGTEN STAATEN VON AMERIKA
IM 19. JAHRHUNDERT.

STRASSBURG
VERLAG VON KARL J. TRÜBNER
1908.

DAS GELDWESEN DER VEREINIGTEN STAATEN VON AMERIKA IM 19. JAHRHUNDERT VOM STANDPUNKTE DES STAATES

IM ÜBERBLICK DARGESTELLT

VON

JOHANNES SCHEFFLER

KAIS. BANKASSISTENT ZU STRASSBURG i. ELS.

STRASSBURG
VERLAG VON KARL J. TRÜBNER
1908.

M. DuMont Schauberg, Straßburg.

Nachdem ich mich bereits im Jahre 1906 eingehender mit dem Studium des Geld- und Bankwesens der Vereinigten Staaten von Amerika befaßt hatte, bot mir die von der rechts- und staatswissenschaftlichen Fakultät der Kaiser Wilhelms Universität zu Straßburg i. E. für das Universitätsjahr 1907/08 ausgeschriebene Preisaufgabe: „Das Geldwesen der Vereinigten Staaten von Amerika im 19. Jahrhundert soll, vom Standpunkte des Staates aus, im Überblick dargestellt werden" einen willkommenen Anlaß, diese Studien noch weiter auszudehnen und zu vertiefen. Im besonderen reizte es mich, die in der Aufgabe enthaltene Frage: Läßt sich die „Staatliche Theorie des Geldes" wohl auch auf Amerika anwenden, eine Möglichkeit, die ich allen Ernstes hatte bestreiten hören, einer näheren Untersuchung und Beantwortung zu unterziehen.

Das Resultat, zu dem ich hierbei gelangt bin, habe ich in großen Zügen mit Fortlassung aller Details in der vorliegenden Arbeit niedergelegt. Es wurde ihr von der Universität Straßburg der Preis zuerkannt.

Meinem hochverehrten Lehrer Herrn Professor G. F. Knapp spreche ich an dieser Stelle meinen aufrichtigsten Dank für die wertvollen Anregungen und das rege Interesse aus, das er meinen Arbeiten stets in so hohem Maße hat zuteil werden lassen.

Besonderen Dank schulde ich ferner meinem unmittelbaren Vorgesetzten Herrn Geheimen Regierungsrat und Kaiserlichen Bankdirektor Stage, ohne dessen äußerst liebenswürdiges Entgegenkommen ich schwerlich über die zur Anfertigung der Arbeit notwendige Zeit hätte verfügen können.

INHALT.

Professor Knapp hat, nachdem die neue Theorie des staatlichen Geldes von ihm in ihren allgemeinen Zügen entwickelt war, seinem Werke als viertes Kapitel einen „Überblick nach Staaten“ angefügt. Dessen Aufgabe ist es offenbar, zu zeigen, in welcher Weise die neue Auffassung der Dinge in praxi in den Stand setzt, die Geldsysteme einzelner Staaten sowie ihre Entwicklungsgeschichte möglichst vollkommen zu erklären.

Zur Behandlung sind England, Frankreich, das deutsche Reich und vor allem Österreich gelangt. Also unser Vaterland und seine wichtigsten Nachbarländer. Sie alle stehen auf hoher, vielleicht höchster Stufe der Geldentwicklung. Gründe genug, gerade diese Staaten zu Objekten der Darstellung zu wählen. Im folgenden soll nun der Versuch unternommen werden, Ähnliches, womöglich Gleiches bezüglich der Vereinigten Staaten von Amerika zu leisten. Motive praktischen (unsere engen Handelsbeziehungen mit Amerika) und theoretischen (die Vielseitigkeit der Formen amerikanischer Zahlungsmittel) Interesses lassen das Beginnen nicht unerwünscht erscheinen.

Aus der Natur der gestellten Aufgabe ergibt sich eines von selbst und braucht eigentlich nicht erst erwähnt zu werden. Eine neue pragmatische Untersuchung des amerikanischen Geldwesens wird von uns nicht beabsichtigt. Wir besitzen sie bereits in den vorzüglichen Schriften von Dr. Prager[1]) und Hasenkamp[2]). Sie lassen an Reichhaltigkeit, sowie Güte des verarbeiteten Materials nichts zu wünschen übrig.

Auf ihnen, amerikanischen Autoren sowie vor allem auf den Texten der Münzgesetze der Union fußen wir im folgenden.

---

[1]) Dr. Prager: Die Währungsfrage in den Vereinigten Staaten von Nordamerika, Stuttgart 1897.

Derselbe: Die Währungs- und Bankreform in den Vereinigten Staaten von Amerika. Berlin 1900.

[2]) Ad. Hasenkamp: Die Geldverfassung und das Notenbankwesen der Vereinigten Staaten. Jena 1907.

Der Staatenbund jenseits des Ozeans, genannt die „Vereinigten Staaten von Amerika“, datiert aus dem Jahre 1776, den Tagen der Unabhängigkeitserklärung der vormals englischen Kolonien.

Die ersten Münzgesetze, welche der Kongreß der föderierten Staaten erließ, reichen bis 1792 zurück. Ihre Entstehung fällt zwar noch in die Wende des 18. Jahrhunderts, voll und ganz in Wirksamkeit dürften sie indessen erst im 19. Säkulum getreten sein.

Während der kolonialen Periode, auch nach Überwindung des sogenannten Tauschhandels (Authylismus), waren jene Gebiete noch immer mehr oder minder Geldprovinzen des Mutterlandes. Englische Münzen, Rechnungsweise und Werteinheit waren durchaus vorherrschend. Von geschlossenen und gar selbständigen Geldsystemen konnte keine Rede sein. Erst nachdem das Einigungswerk der amerikanischen Staaten abgeschlossen und die nötigsten Organisationen geschaffen waren, strebte man danach, auch durch ein eigen-nationales Münz- und Geldsystem seine Unabhängigkeit England gegenüber zu bekunden. Seitdem allein ist es daher möglich, an Hand der für die ganze Union erlassenen Münzgesetze den Gang der im Geldwesen vollzogenen Entwicklung einigermaßen sicher zu verfolgen.

Zudem leistet das Studium der Geldverfassung des 19. Jahrhunderts gerade das, worauf es uns ankommt. Es setzt uns nämlich in den Stand, die heute in Amerika in Geltung befindliche Verfassung des Zahlungswesens voll und ganz zu verstehen und befähigt uns zugleich, seine mannigfachen Formen zu erklären sowie den einzelnen Arten ihre richtige Stellung im ganzen und untereinander anzuweisen.

I. Abschnitt 1792—1834.

DAS SILBERGELD IN VALUTARISCHER STELLUNG.

1. KURZE ÜBERSICHT DER ZEIT VOR 1792.

Über die dem Gesetz von 1792 voraufgegangene Entwicklung, die der Orientierung und Vollständigkeit halber gestreift werden mag, lassen sich etwa folgende Angaben machen:

Es dürfte nicht ratsam sein, den Versuch zu wagen, über die Entwicklung des amerikanischen Geldwesens während der kolonialen Periode etwas Bestimmtes zu sagen oder gar genau abgegrenzte Phasen zu konstruieren. Die hinreichend subtilen Einzelforschungen über die in Betracht kommende Zeit und für sämtliche Kolonien fehlen noch. Nur Bruchstücke sind darüber vorhanden. Es sei nur beispielsweise an die Tabakwährung Virginiens und ähnliche Vorgänge erinnert, die noch immer der Aufklärung harren.

Das Einzige, das vielleicht mit Sicherheit anzunehmen ist, dürfte die Tatsache sein, daß wohl in allen Kolonien das Pfund Sterling, also die englische Werteinheit, bis circa 1785 Geltung besessen hat. „Das Pfund, obgleich von verschiedenem Werte, ist die Rechnungseinheit in allen Staaten. Aber es ist nicht mehr leicht zu sagen, was als Münzeinheit betrachtet werden kann". Beide fallen also nicht zusammen.

Erst in dem oben genannten Jahre tritt eine neue Einheit, der Dollar, an die Stelle der alten. Es wird das u. E. dadurch dokumentiert, daß 1785 der Kongreß der föderierten Staaten zur Ausgabe von Noten ermächtigt wurde, die ausdrücklich „payable in spanish milled dollars" lauteten. Zudem faßte der Kongreß nahezu gleichzeitig die Resolution, „that the money unit of the United States shall be one dollar". Damit wurde also die Absicht ausgesprochen, den Dollar in Zukunft zur gesetzlichen Werteinheit zu erheben.

Fraglich ist es indes, ob man vielleicht zu weiteren Schlüssen berechtigt ist wie z. B. dem: Das bekannte und viel genannte „barter oder country money“ ist keineswegs identisch mit dem noch heute bei unzivilisierten Völkerstämmen üblichen reinen Authylismus. Es stellt vielmehr schon eine wesentlich abgeänderte Form desselben dar, bedingt durch das Vorhandensein einer Werteinheit, nämlich des aus der Heimat mitgebrachten englischen Pfundes. In ihr erfolgte ja die Begültigung, welche man jenen mannigfachen als Zahlungsmittel dienenden Stoffen beilegte. Wir hätten somit ein vorzügliches Beispiel für die Nominalität der Werteinheit gefunden. Ob und in wieweit solche Folgerungen Wert haben und sich mit den tatsächlichen Vorgängen decken, läßt sich, wie gesagt, bei der geringen Vollständigkeit des z. Zt. vorliegenden Materials nicht entscheiden.

Auch der nun folgende Zeitabschnitt des sogenannten Kolonial- und später Kontinental-Paper erfordert eine eingehende Behandlung nicht. Der Gang der Ereignisse war im wesentlichen einfach und in beiden Fällen fast der gleiche. Kurz zusammengefaßt spielte er sich etwa folgendermaßen ab:

Lediglich aus finanziellen Rücksichten gaben die einzelnen Staaten mit Massachusetts 1690 beginnend, Papiergeld, sogenannte „bills of credit“ aus, anstatt den Weg der Anleihe zu beschreiten. Anfangs wurden nur die dringendsten Ausgaben, z. B. der Sold der Truppen, Kriegskosten etc., später sogar die laufenden Ausgaben mit den so aufgebrachten Summen bestritten.

In der Form waren diese bills recht verschieden. Es gab zinstragende und zinslose; solche die legal tender-Charakter nur für den Kapitalbetrag oder auch für Zinsen und Kapital besaßen. Manche erfreuten sich auch lediglich der freiwilligen Annahme zwischen Privatpersonen, waren aber „receivable for all public dues“. Anfangs lauteten sie auf Unzen Silber oder Metall. Der Text hieß z. B.: „this bill by law pass current in . . . . . for one ounce fifteen pennyweight of plate. twelwe shilllings.“ Dies war also denkbar engster Anschluß an das vermutlich herrschende Gewichtssystem. Wurde doch eine bestimmte Gewichtsmenge Metall ausdrücklich namhaft gemacht. Hiervon befreite man sich indes bald völlig. Ja, das Papiergeld des Staates New-York aus dem Jahre 1771 wies bereits eine für die damalige, fast möchte man sagen auch die heutige Zeit, hervorragend korrekte und vollständige Form auf. Es trug nämlich ungefähr folgenden Text: „by a law of the Colony of New York this bill shall be received in all payments in the Treasury for ten pounds." Kein Versprechen der Einlösung in irgendeiner metallischen Geldart etc., nur das der Annahme! Geradezu ein Muster in dieser Hinsicht!

Dieses Papiergeld befand sich gegenüber dem valutarischen Silbergeld in akzessorischer Stellung. Es besaß seiner Natur nach negatives Agio. Dies war indessen latent. Erst als seine Emission mehr und mehr wuchs, machte es sich bemerkbar. Man sprach von einer großen Entwertung des Papiergeldes gegenüber dem valutarischen Silber. Das negative Agio bewegte sich zwischen 105 und 1100 £ pro 100 £ Silber. Infolge der gegen die Ausgabe solcher Kolonialnoten gerichteten sogenannten anti-bubble Gesetze, die England 1751, 1761 und 1763 erließ, sank es noch weiter. Schließlich im Jahre 1773 langte es auf null an. Die Einlösung erfolgte zu $^1/_{40}$ des Nominalwertes. Dadurch, daß der Staat sein akzessorisches Papiergeld ins Ungemessene vermehrte, verlor er die Macht darüber. Er sah sich bald außer Stande, es in subsidiärer Stellung zu halten. Es staute sich in den Kassen und führte auf obstruktionellem Wege eine reine Papierwährung herbei; d. h. notales Geld kam in valutarische Stellung. Das Metallgeld ward daraus verdrängt. Der Übergang von dem früheren Zustand in den neuen ist als sinkend zu bezeichnen.

Eine Änderung hierin trat durch den Unabhängigkeitskrieg nicht ein. Im Gegenteil wurde ja die Menge des notalen Papiergeldes noch durch Ausgabe einer schließlichen Gesamtsumme von 241.5 Millionen Dollar Kontinental-, d. h. vom Kongreß emittierten Noten vermehrt. Sie bildeten zusammen mit dem früheren und neuerlichen 200 Millionen Dollar Papiergeld der

Einzelstaaten eine einheitliche Masse. Legal tender-Charakter wurde ihnen „for all debts“ beigelegt. Ihre Nichtannahme bedrohte die Regierung mit strengen Strafen. Sie waren demnach kurantes, obligatorisches notales Geld in valutarischer Stellung.

2. DAS ERSTE MÜNZGESETZ DER VEREINIGTEN STAATEN, DIE GRUNDLAGEN DER GELDVERFASSUNG.

Diesem unerquicklichen Zustande ein Ende zu machen, setzte sich das Münzgesetz vom Jahre 1792 zum Ziel. Bereits seit Mitte der 80er Jahre hatte man immer von neuem sich bemüht, die Barzahlungen wieder aufzunehmen, oder richtiger gesagt, das Metallgeld in valutarische Stellung zu bringen. Allein ohne Erfolg. Erst den eifrigen Bemühungen des großen Staatsmannes Hamilton gelang es, auch auf diesem Gebiete das Werk zu einem guten Ende zu führen. Er erreichte dies im wesentlichen durch das vor allem auf seiner Initiative beruhende Münzgesetz vom 4. April 1792. Ihm zufolge sollte die amerikanische Geldverfassung in Zukunft nach dem bewährten Muster Frankreichs lediglich auf den beiden Metallen Gold und Silber basieren.

In welcher Weise wurden nun hier zum ersten Male die Grundlagen der amerikanischen Geldverfassung klar und präzis formuliert? Eine Frage, die um so mehr Interesse verdient als ja auch heute noch jenes Gesetz trotz mannigfacher Änderungen in der Hauptsache die Basis bildet.

Fassen wir einmal die wichtigsten Bestimmungen der genannten Akte ins Auge! Was ergeben sie? Wie lautet zunächst ihr Inhalt, und was ist sodann ihre Bedeutung für die amerikanische Geldverfassung?

Die ersten acht Sektionen des Gesetzes vom 4. April 1792 sahen die Gründung einer Münzstätte vor. Eine solche hatte es nämlich bisher nicht gegeben. Ihr Zweck sollte Ausprägung von nationalen Münzen sein, im Gegensatz zu den bisher in ausgedehntem Maße in Gebrauch befindlichen Stücken fremder Staaten. Sodann wurde die Einrichtung und Organisation dieser Prägeanstalt bis ins Einzelnste gesetzlich geordnet.

Erst Sektion 9 gab Stoff, Feingehalt und die Benennung sowie Bewertung der einzelnen zu prägenden Münzen an.

Dem zufolge sollten

a) aus dem Metalle **Gold** geprägt werden:

1. Stücke, die einen Feingehalt von 247 4/8 grain und
ein Standardgewicht „ 270 „ haben.

Sie erhielten die Geltung von 10 Werteinheiten, also 10 Dollars und den Namen Eagle (because stamped with the impression of the American eagle).

2. Stücke mit 123 6/8 grain Feingehalt und
175 „ Standardgewicht.

Sie sollten 5 Werteinheiten = 5 Dollar gelten und den Namen half eagle führen.

3. Stücke mit 61 7/8 grain Feingehalt und
67 4/8 „ Standardgewicht.

Ihnen wurde die Geltung von 2 1/2 Werteinheiten = 2 1/2 Dollars beigelegt. Sie wurden als quarter eagle bezeichnet.

b) Aus dem Metalle **Silber** geprägt werden:

1. Stücke mit einem Feingehalt von 371 4/16 gr und
„ „ Standardgewicht „ 416 gr.

Sie sollten die Werteinheit gelten und den Namen Dollar führen.

2. Stücke mit einem Feingehalt von 185 10/16 gr und
„ „ Standardgewicht „ 208 gr.

Sie sollten 1/2 Werteinheit gelten und ihr Name sollte half dollar sein.

3. Stücke mit einem Feingehalt von 92 13/16 gr und
„ „ Standardgewicht „ 104 gr.

Sie sollten den 4. Teil der Werteinheit gelten und den Namen quarter dollar erhalten.

4. Stücke mit einem Feingehalt von 37 2/16 gr und
„ „ Standardgewicht „ 41 3/5 gr.

Sie sollten den 10. Teil der Werteinheit gelten und dismes heißen.

5. Stücke mit einem Feingehalt von 18 9/16 gr und
„ „ Standardgewicht „ 20 4/5 gr.

Sie sollten den 20. Teil der Werteinheit gelten und half dismes benannt werden.

Schließlich

c) aus dem Metalle **Kupfer** geprägt werden:

1. Stücke mit einem Kupfergehalte von 11 penny weights, die den 100. Teil der Werteinheit gelten sollten. Ihnen wurde der Name cents beigelegt.

2. Stücke mit einem Kupfergehalt von $5\,^1/_2$ penny weights. Sie sollten den 200. Teil der Werteinheit gelten und half cents heißen.

Man sieht, es war ein reines Gewichtssystem, das man einführte.

Des weiteren enthielt die Akte noch Bestimmungen über Feinheit, freie Ausprägung, gesetzliche Zahlkraft sowie das Verhältnis von Gold und Silber.

Die Goldmünzen, so ordnete Sektion 12 an, sollten $^{11}/_{12}$ fein, die Silbermünzen $\frac{1485}{1662} = \frac{892{,}43}{1000}$ fein ausgeprägt werden.

Sektion 14 enthielt die Bestimmung: Es soll jedermann gestattet sein, Gold- und Silberbarren an die Münze zu bringen und ohne Kosten, „free of expense“, ausprägen zu lassen. Der Münzdirektor soll beim unmittelbaren Austausch von Münze gegen Boullion befugt sein, $^1/_2\,\%$ „from the weight of the pure gold or silver“ zurückzuhalten. Es geschieht dies zur Schadloshaltung für die Zeit, welche zum Prägen des Metalles erforderlich ist, und für den Vorteil, „which shall have been so made in coins.“

Der nun folgende 16. Abschnitt der Akte erklärte alle oben genannten und beschriebenen Gold- und Silbermünzen, nicht auch die Kupfermünzen, zu „lawful tender in all payments“ (gesetzliches Zahlungsmittel für alle Zahlungen), sofern sie den in diesem Gesetze vom 4. April 1792 getroffenen Bestimmungen gemäß ausgeprägt sind. Sie fügte indes die nicht unwichtige Einschränkung hinzu, „whatever those of full weight according to the respective values herein before declared“ (sofern sie vollwichtig sind gemäß dem entsprechenden Werte, der ihnen oben beigelegt ist). Noch deutlicher kam dieses Festhalten an dem Gewichtssystem in dem unmittelbar darauf folgenden bemerkenswerten Passus zum Ausdruck, der u. W. bisher eine Beachtung noch nirgends gefunden hat. Er lautete nämlich: „and those of less than full weight at value proportional to their respective weights.“ D. h. also: Abgenutzte Stücke sind bei Zahlungen nur nach ihrem Gewichte anzunehmen.

Andererseits und ergänzend hierzu traf Sektion 17 des Gesetzes Vorsorge dafür, daß stets nur vollwichtige und im Feingehalt den gesetzlichen Vorschriften genau entsprechende Stücke von der Münze ausgegeben werden. Auf die Verletzung dieser Bestimmungen seitens der beteiligten Beamten wurden strenge Strafen gesetzt. Der Staat drückte damit die Absicht aus, stets nur in vollwichtigen Stücken zu zahlen.

Schließlich wurde im 20. Absatz der Akte der Dollar gegenüber dem bisher üblichen Pfund Sterling ausdrücklich zur Werteinheit erhoben. Er sollte die Rechnungseinheit und nebst seinen Teilstücken das alleinige Rechnungsgeld sein. „Die Rechnungsführung der öffentlichen Ämter und das Verfahren der Gerichte soll entsprechend dieser Vorschrift gehandhabt werden“. Damit wurde zugleich an Stelle des Duodezimal- das Dezimalsystem gesetzt.

Wollen wir uns aber nicht einer groben Unterlassungssünde schuldig machen, wenigstens nach Meinung der Bimetallisten, — ihnen erscheint dieser Artikel als der bei weitem wichtigste — so müssen wir noch die Sektion 11 anführen. Sie lautet: „Der verhältnismäßige Wert von Gold und Silber in allen Münzen, welche nach dem Gesetz in den Vereinigten Staaten als Geld zirkulieren sollen, soll entsprechen 15: 1 mit Rücksicht auf die Gewichtsmenge des darin enthaltenen Feingoldes und Feinsilbers. D. h. 15 Gewichtspfunde Feinsilber sollen gleichwertig sein für alle Zahlungen mit einem Gewichtspfunde Feingold und so im Verhältnis jeder größeren oder kleineren Quantität der beiden Metalle“.

Beabsichtigte dieser Paragraph des Gesetzes etwa, eine Zahlung rein nach dem Gewicht (pensatorisch) 1 Pfd. Gold = 15 Pfd. Silber wieder einzuführen? Fast könnte man durch die höchst unklare Fassung „15 Gewichtspfunde Feinsilber sollen gleichwertig sein für alle Zahlungen mit einem Gewichtspfunde Feingold“ zu dieser Annahme verleitet werden. Dies dürfte indes mit dem sonstigen Inhalte der Akte kaum in Einklang zu bringen sein. Was aber sollte es dann damit? Verdiente diese Bestimmung wirklich die seitens der Bimetallisten ihr beigelegte große Bedeutung? Nein, keineswegs! Ihr Sinn ist u. E. lediglich der:

Das Verhältnis der Ausmünzung, wie es von den Vereinigten Staaten mit eben diesem Gesetze vom 4. April 1792 festgestellt worden war, wurde nochmals ausgesprochen. Wir sagen absichtlich nochmals. Konnte doch jedermann, der sich die Mühe nahm, sich mit den in diesem Gesetze getroffenen Bestimmungen betreffend den Feingehalt der Gold- und Silbermünzen vertraut zu machen, dann mit Leichtigkeit daraus ersehen: Die Ausprägung der neuen Münzen erfolgt in der Weise, daß man von dem Silberdollar ausgehend der oder den entsprechenden Goldmünzen den 15. Teil desselben an Goldfeingehalt zuteilt.

Es war dies also eine rein münztechnische Maßnahme, die aber keineswegs, wie oft angenommen wird, das Verhältnis der Edelmetalle Gold und Silber an sich zu bestimmen vermochte. Ebenso wenig besaß es die inhärente Kraft, sich für immer gerade so zu erhalten. Seine Wahl war vielmehr lediglich in Anlehnung an die zur Zeit bestehende Marktrelation erfolgt.

Dessen scheinen sich im Gegensatz zu den späteren eifrigen Bimetallisten auch die großen Staatsmänner jener Zeit bewußt gewesen zu sein. Jefferson sprach dies in seinen „notes on the establishment of a money unit and of a coinage for the United States“ deutlich aus mit den Worten: „the proportion between the values of gold and silver is a mercantile problem altogether. It would he inaccurate to fix“. Als Beweis führte er die diesbezüglichen Verhältnisse in Spanien, England und Frankreich an. Sie alle hatten zur selben Zeit eine völlig von einander verschiedene Relation von Gold zum Silber angenommen.

Jedenfalls aber, und das muß vor allen Dingen einmal betont werden, ruht in dieser Festsetzung eines bestimmten Verhältnisses nicht das Wesen des Bimetallismus resp. ist nicht eines seiner begrifflichen Merkmale gegeben, wie Dr. Prager in seiner „Währungsfrage der Vereinigten Staaten von Nordamerika" meint. Er hält dieses Verhältnis der Ausmünzung sogar für so wichtig und ausschlaggebend, daß er dem Vorbilde amerikanischer Schriftsteller folgend die Kapitel 1 und 2 der von ihm unterschiedenen Periode (von 1792—1873) mit der Überschrift versieht: I. Kapitel Relation 1: 15, II. Kapitel Relation 1: 16. Demgegenüber ist festzuhalten, daß der Zustand der Geldverfassung, welcher den Namen Bimetallismus allein verdient, damals lediglich auf Grund der Sektion 14 des Gesetzes von 1792 bestand. Sie besagte nämlich, daß sowohl aus Gold als auch aus Silber ohne Begrenzung definitives Geld hergestellt werden könne. Das war das allein Entscheidende!

Eine Bestimmung endlich, das mag noch erwähnt werden, wie es mit den zur Zeit umlaufenden Münzen gehalten werden solle, enthielt das Gesetz seltsamerweise nicht. Diese Unterlassung rächte sich später. Man nahm offenbar an, es werde nur einer kurzen Übergangsbestimmung in dieser Beziehung bedürfen, bis die neuen Münzen in den Verkehr gelangt seien. Erst ein Zusatzgesetz, datiert vom 9. Februar 1793, ordnete diese Angelegenheit. Es bestimmte zunächst, daß drei Jahre, nachdem die Münze zu arbeiten begonnen hätte, alle ausländischen Stücke aufhören sollten, gesetzliches Zahlungsmittel zu sein. Ausgenommen war der spanish milled dollar. Ganz natürlich, denn er glich ja an Feinheit und Gewicht den neuen Münzen. Er wurde durch diesen Akt einfach in die Geldverfassung aufgenommen. Bis man den erforderlichen Bedarf an neuen Münzen hergestellt hatte, wozu der obige Zeitraum für ausreichend gehalten wurde, begültigte man die englischen, französischen, spanischen usw. Stücke ausdrücklich in der neuen Werteinheit, dem Dollar. Sie waren also, solange man diese Bewertung aufrecht erhielt, damit amerikanisches Geld, trotz des Gepräges fremder Staaten, das sie trugen. Ihre Annahme war ja erfolgt.

Welches war nun der Zustand des Geldwesens, der mit diesem Gesetze wenigstens de jure geschaffen war?

Eine höchst wichtige Neuerung bestand darin. Das Geldwesen, welches bis dahin ein jeder der zahlreichen Staaten für sich nach seinen Bedürfnissen und Ansichten geregelt hatte, ging nunmehr an den Bund über, den Kongreß der föderierten Staaten. Die Menge der verschiedenen kleinen, häufig in keiner Beziehung zueinander stehenden Zahlungsgemeinschaften wurde dadurch zu einer einzigen großen zusammengeschlossen, die das Bundesgebiet in seiner Gesamtheit umfaßte.

Ob auch das Papiergeld zur Kompetenz des Kongresses gehörte, galt zeitweise als sehr fraglich. Ja, der supreme court entschied sich sogar hinsichtlich der Greenbacks, als er deswegen angerufen wurde, für das Gegenteil. Schließlich wurde indes die Frage endgültig bejaht. Nur die Banknoten blieben abgesehen von den Zeiten der I. und II. Vereinigten-Staaten-Bank auch fernerhin, je nach ihrer Ausgabe auf die emittierenden Einzelstaaten beschränkt. Eine Änderung hierin brachte erst das im Anfang der 60er Jahre erlassene Nationalbankengesetz. Es verlieh allen Noten der dieser Akte zufolge gegründeten Banken unbeschränkte Umlaufsfähigkeit im ganzen Unionsgebiete.

Für diese neue, ebengenannte Zahlungsgemeinschaft, galt es nun eine Werteinheit zu wählen. Die alte, das Pfund Sterling, beizubehalten, dagegen sträubte sich offenbar das nationale Empfinden aufs heftigste. Auch der leiseste Schein einer Abhängigkeit vom früheren Mutterland war verhaßt. Es fehlte nicht an den verschiedensten Vorschlägen in dieser Hinsicht. Teilweise unternahm man es, eine ganz neue Werteinheit ohne jede Anlehnung an die bestehenden Verhältnisse zu schaffen. So tauchte u. a. der Plan auf, als „money unit", wie es der Amerikaner damals bezeichnete, $^1/_4$ von einem grain (einer bestimmten Gewichtseinheit) Silber anzunehmen. Die kleinste Münze sollte aus Kupfer bestehen und 5 solcher Einheiten gelten. Die geringste Silbermünze wurde auf 100, eine andere auf 500, 1000 Einheiten und sofort dezimal wachsend festgesetzt. Dies wäre eine Wahl nach rein pensatorischem Gesichtspunkte gewesen.

Schließlich entschied man sich indes, wie das Gesetz von 1792 zeigt, für den Dollar. „He has been in general use; its value is familiar. This accords with the national mode of keeping accounts". Er wurde gewählt in Anlehnung an die schon seit langer Zeit in Amerika kursierende spanische Silbermünze, den spanish milled dollar. Dies geht klar und deutlich aus dem Gesetz von 1792 hervor. Es heißt da ausdrücklich: „dollar each to be of the value of a spanish milled dollar as the same is now current". Damit ist die Identität des neuen amerikanischen Dollars mit jener alten spanischen Münze festgestellt, und zugleich die historische Definition des ersteren gegeben.

Der rekurrente Anschluß an das Pfund Sterling wurde übrigens im Gesetze von 1792 merkwürdigerweise nicht ausdrücklich festgesetzt. Er ergab sich indes aus der Tarifierung der englischen Münzen, wie solche zugleich mit denen der anderen Staaten im Februar 1793 erfolgte. Danach fand er in der Weise statt, daß 4 sh 6 d der alten Werteinheit gleich einer neuen sein sollten.

Das Fehlen einer derartigen Bestimmung dürfte darauf zurückzuführen sein. Schon seit Jahren rechnete man in Amerika hauptsächlich nach Dollars. Die Umrechnung der verschiedenen kolonialen Pfund, Schilling, Pence war einfach und geläufig. Die neue Einheit war daher schon zur Genüge bekannt und jedermann vertraut. „This is a coin perfectly familiar to us all" sagt Jefferson. Der Mangel der ausdrücklichen Proklamierung des Umrechnungsverhältnisses dürfte sich infolgedessen kaum fühlbar gemacht haben.

Alle jene geprägten Münzen waren Geld im Sinne der staatlichen Theorie, d. h. morphisch-proklamatorische Stücke. Betreffs der proklamatorischen Geltung der Gold- und Silbermünzen trat indes teilweise ein Rückschlag ein, resp. machte sich zum mindesten eine Unsicherheit der Auffassung in dieser Beziehung bemerkbar. In Sektion 16 der Akte wurde nämlich der Grundsatz aufgestellt: Diese Münzen (Gold- und Silber-) sollen, sobald Abnutzung bei ihnen eingetreten ist, nur noch nach ihrem entsprechenden Gewichte angenommen werden. Der dabei nicht ausbleibende Verlust fällt also dem augenblicklichen Eigentümer, mit anderen Worten dem Privatmann, zur Last; nicht der Staat trägt ihn. Oder was dasselbe heißt: Der Staat ist zwar beim Geben, nicht aber beim Nehmen seines Geldes Chartalist. Sind die Münzen abgenutzt, so bleiben sie zwar immer noch ein morphisches, sinken aber zum pensatorischen Zahlungsmittel herab. Geformte Stücke werden nach dem Gewicht angenommen. Sie treten in diesem Momente dem fingierten Dukatenbeispiel der staatlichen Theorie als ein in Wirklichkeit existierendes zur Seite. Leider gab keine unserer Quellen darüber Aufschluß, welche Wirkung die oben angeführte Bestimmung und ihre ev. Ausführung de facto geübt hat oder in welcher Weise ihre Handhabung vollzogen wurde. Es läßt sich nicht feststellen, ob z. B. die Folge davon war, daß analog den heutigen englischen Zuständen die Münzen bis zur Unkenntlichkeit umliefen und die staatlichen Kassen wegen des ihnen dort drohenden Verlustes solange als möglich flohen. Vermutlich wurde das Verfahren nur bei ärgster Abnutzung angewendet.

Alle dem Gesetze zufolge ausgeprägten Gold- und Silbermünzen vom Gold-Eagle bis herab zum half disme waren bares Geld. Denn die beiden Metalle, aus denen sie hergestellt wurden, waren ja laut Absatz 16 des Gesetzes vom April 1792 grundsätzlich ohne jede Beschränkung in Geld verwandelbar. Zudem entsprach, da die Stücke alle proportional ihrer Geltung ausgebracht wurden, der spezifische Gehalt der festgesetzten Norm.

Im Gegensatz dazu stellten nur die Kupfermünzen, d. h. die 1 und 2 Centstücke ein notales (paratypisches) Geld dar. Das hierzu erforderliche Metall kauft der Staat und prägt je nach Bedarf nach eigenem Ermessen diese Münzsorte aus. Ein größeres oder geringeres Abweichen von der Norm findet dabei statt. Die Bedeutung dieser Münzen ist nur sehr gering, größere Beachtung verdienen sie daher nicht weiter.

Die Gold- und Silbermünzen waren fernerhin auch obligatorisch. Hatte ihnen doch das Gesetz legal tender-Charakter für alle Beträge verliehen. Man konnte also beide Geldarten in unbeschränkter Höhe zu Zahlungen verwenden. Stets mußten sie im (anepizentrischen) freien Verkehr genommen werden. Sie waren also schlechthin obligatorisch und besaßen mithin die Eigenschaft von Kurantgeld.

Das Kupfergeld hatte man nicht zum gesetzlichen Zahlungsmittel gemacht. Es genoß demnach im freien Verkehr rein fakultative Annahme. „But this small money had no legal tender power" heißt es ausdrücklich. Ein kritischer Betrag, bis zu dem es obligatorisch sein sollte, wodurch es zum Scheidegelde geworden wäre, wurde erst durch Akte vom 22. April 1864 festgesetzt. Seine Höhe betrug für die ½ Centstücke 10, für die Centstücke 20 Cents. Änderungen traten indes später noch mehrfach ein. Ein Vorschlag, der 1786 gemacht worden war, den Kupfermünzen in der Weise gesetzliche Zahlungskraft zu geben, daß für je 100 Dollar 5 in Kupfer geleistet werden können und angenommen werden müssen, wurde 1792 fallen gelassen. Es wäre dies übrigens eine ganz neue prozentuale Festsetzung des kritischen Betrages gewesen!

Endlich waren die Gold- und Silbermünzen definitives Geld. Eine Einlösung dieser Stücke fand nirgends statt. Dem Nehmer derselben stand dem Staate gegenüber, der sie ausgegeben hatte, kein weiteres Forderungsrecht aus ihnen zu.

Ob die Kupfermünzen wenigstens regiminal — das Gesetz enthielt eine diesbezügliche Bestimmung nicht — einlösbar waren, bleibt fraglich, ist aber anzunehmen. Das einzige, was wir über sie erfahren, betrifft lediglich ihre Ausgabe. Sie erfolgte nämlich im Austausch gegen Silber- oder Goldgeld in bestimmten Beträgen.

Der hyloleptische Zweig (freie Ausprägung) der Hylodromie war vollkommen ausgebildet. Sprach doch Sektion 16 den an den Staat gerichteten Zwang aus, die Edelmetalle Gold und Silber in allen ihm angebotenen Mengen anzunehmen und auf Verlangen in Geld umzuwandeln. Daß in Wirklichkeit, wie wir später sehen werden, von dieser Erlaubnis tatsächlich immer nur bezüglich eines der beiden Metalle Gebrauch gemacht wurde, hebt den gegebenen Zustand keineswegs auf.

Die staatlichen Geldarten und ihre Verfassung 1792.

Annahme bei den Kassen des Bundes genießen:	I.	II.	III.	IV.
Goldmünzen 10, 5, 2½ Dollarstücke	Kurantgeld	definitiv	bar	bald akzessorisch
Silbermünzen 1, ½, ¼ Dollar, 1 disme ½ disme	Kurantgeld	definitiv	bar	bald valutarisch
Kupfermünzen 1 u. ½ Centstücke	rein fakultativ	nicht definitiv	notal	akzessorisch
Noten der I. Vereinigten-Staaten-Bank	rein fakultativ	provisorisch	notal	akzessorisch

In wieweit Hylophantismus schon zu jener Zeit in Amerika bestand, läßt sich leider nicht mit Sicherheit angeben. Die einzige Bestimmung des Gesetzes, welche derartiges vermuten läßt, ist die, daß abgenutzte Münzen nur nach ihrem Gewichte angenommen zu werden brauchen. Vermutlich wurden solche Stücke von den öffentlichen Kassen nach Eingang nicht wieder verausgabt. Man war demnach bestrebt, die umlaufenden Münzen nahe an der Vollwichtigkeit zu halten. Jeder konnte demgemäß sicher sein, in einer nahezu bestimmten Anzahl Gold- oder Silbermünzen stets eine bestimmte Menge feinen Goldes resp. Silbers zu besitzen. In wieweit diese Bemühungen allerdings von Erfolg gekrönt waren, dürfte nicht zum wenigsten von dem Verhalten des Publikums bezw. der oben erwähnten

Einlieferung abgenützter Stücke sowie deren Behandlung seitens des Staates bei ihrer Annahme abgehangen haben.

Bezüglich der Frage, was valutarisches und was akzessorisches Geld sein sollte, enthielt das Gesetz von 1792, wie jedes System des Bimetallismus z. B. auch das französische, nichts. Dies blieb vollständig dem Ermessen der Regierung überlassen. Sie behielt sich, wohl nicht ohne Absicht, vor, je nach der günstigen oder ungünstigen Marktlage der beiden Metalle bald die Gold-, bald wieder die Silbermünzen valutarisch zu behandeln. Für die andere Münzsorte blieb dann jedesmal natürlich nur die akzessorische Stellung übrig. Der finanzielle Vorteil dürfte zumeist ausschlaggebend gewesen sein. Von einer festen Währungspolitik, die durchzusetzen man sich vorgenommen hatte, konnte natürlich da keine Rede sein. Die Regierung ließ sich einfach vom Strom der Ereignisse treiben.

Höchstens könnte man vielleicht in der für das Gold ungünstigeren Festsetzung des Verhältnisses der Ausprägung der amerikanischen Gold- und Silbermünzen die geheime Absicht erkennen wollen, das Silbergeld auf obstruktionellem Wege in valutarische Stellung gelangen zu lassen. Inwieweit das indes wirklich mitgewirkt hat, oder ob diese Obstruktion vielmehr infolge unbeabsichtigter, nicht vorherzusehender Ereignisse eingetreten ist, dürfte schwer festzustellen sein.

Wie entschied die Wirklichkeit der Tatsachen diese ungelöste Frage? Mit welcher von den beiden gegebenen Möglichkeiten beantwortete sie dieselbe?

3. DIE PERIODE VON 1792—1805: BARES SILBERGELD IST VALUTARISCH.

Das lehrt uns die Entwicklung des amerikanischen Geldwesens von 1792—1834. Sie vollzog sich in großen Zügen etwa folgendermaßen:

Das aus dem Gesetze vom April 1792 sich ergebende Ausmünzungsverhältnis von Gold- und Silbermünzen stimmte nur in eben jenem Jahre mit der Marktrelation der beiden Metalle überein. Etwa von 1793 an stellte sich aber diese, wenigstens

Soetbeers Berechnungen zufolge, bedeutend ungünstiger für das Gold. Kein Wunder, daß infolgedessen die Münzen dieses Metalles, welche bereits vor 1810 in der Zirkulation selten gewesen waren, zirka 1817 ganz verschwanden. Die Goldbrokers sammelten und exportierten sie. Obwohl 1820 1319030 Dollars Goldmünzen ausgeprägt waren, konnte man kein Stück Gold im Umlaufe sehen. „The facilities of the mint were simply used by merchants to certify the weight and fineness of gold for exportation.“ D. h. nichts anders als die Goldmünzen hätten zwar unklugerweise zu Zahlungen verwandt werden können. Sie besaßen ja nach wie vor dem Gesetze zufolge legal tender-Charakter. Man hütete sich indes dies zu tun. Vielmehr wurden die Goldstücke von den Eigentümern mit erheblichem Gewinn zu ihrem Metall (Platten-)werte, der sich ja höher als der Wert, zu dem sie seitens des Staates begültigt waren, stellte, verkauft. Sie sanken zu reinen Handelsartikeln herab, schieden damit aus dem lytrischen Verkehr aus. Was nützte ihnen ihre Barverfassung, wenn sie, wie es aus den angegebenen Gründen geschah, in akzessorische Stellung glitten. Denn nur dann hatte ihr positives Agio einen Sinn. Es bedeutete nämlich Mehrwert im Verhältnis zu dem offenbar in valutarischer Stellung befindlichen Silbergeld. Mit anderen Worten: Der Staat drängte im letzten Falle, obwohl es ihm laut Gesetz frei stand, in Silber oder Gold zu zahlen, seinen Bürgern Silber auf. Für die erste Zeit mag dies vielleicht nicht durchgehend der Fall gewesen sein. Aber, als dann angesichts des hohen Goldagios der Regierung nur Silber und immer bloß Silber zufloß, ist als ziemlich sicher anzunehmen, daß die Kassen des Staates nur in diesem einen Metallgelde Zahlung leisteten. Anderenfalls, wenn nämlich trotzdem Gold gezahlt worden wäre, dürfte das sicher überliefert worden sein. Wir hören nichts davon.

Die freie Ausprägung (Hylolepsie) des Goldes, das ist wohl aus dem Gesagten leicht verständlich, stand daher nur noch auf dem Papier. Die von Staatswegen erfolgten Ausmünzungen werden als gering angegeben. Von den Privatleuten dürfte wohl kaum jemand angesichts der günstigen für Barrengold zu erzielenden Preise Gold zum Zwecke der Ausprägung zur Münze gebracht haben. Praktisch war demnach die Chrysolepsie (freie Goldausprägung) aufgehoben.

Mit diesem Momente hörte der Bimetallismus auf zu existieren und machte der reinen Silberwährung Platz, die in praxi bis 1834 in Amerika in Geltung blieb. Denn die Silbermünzen wurden valutarisch behandelt. In akzessorischer Stellung befanden sich die Goldmünzen, das Kupfergeld und schließlich die Noten der 1792 gegründeten ersten Vereinigten-Staaten-Bank. Die ersteren hatten positives, die letzteren beiden Klassen negatives Agio. Die Silber- und Goldmünzen besaßen Bar-, die Kupfermünzen und Banknoten Notalverfassung.

4. 1805—1812. NOTALES SILBERGELD RÜCKT IN VALUTARISCHE STELLUNG.

Dieser Zustand dauerte indes nur bis zum Jahre 1805. Damals erließ der derzeitige Präsident Jefferson auf verwaltungsrechtlichem Wege eine Anordnung, wie sie einschneidender kaum gedacht werden kann. Seltsamerweise findet man sie häufig, so z. B. von Prager, wenigstens in seiner 1897 erschienenen Schrift, nur in einer Anmerkung aufgeführt. U. E. geschieht dies in völliger Verkennung ihrer wahren Bedeutung. Der Präsident hob nämlich in dem genannten Jahre die Freiprägung für Dollarstücke auf und nahm damit dem Silber in bezug auf sie seine hylische Eigenschaft. Als Grund dieser Maßregel wird folgendes angegeben:

In Westindien waren die spanischen und portugiesischen Piaster neben den neuen amerikanischen Dollars in Geltung geblieben. Die ersteren besaßen indes bei vollkommen gleicher Geltung einen etwas höheren Feingehalt als die in der Münze von Philadelphia geprägten Dollarstücke. Es bestand also eine Art einseitiger Synchartismus zwischen Westindien und Nordamerika. Diesen machte man sich zunutze und importierte die spanischen und portugiesischen mit höherem Metallwert behafteten Piasterstücke, prägte sie in amerikanische Dollars um und führte diese wieder nach Westindien aus. Den Profit, der sich bei diesem Geschäfte aus dem höheren Plattenwerte ergab, steckte man in seine Tasche. Auf diese Weise drohten die amerikanischen Dollars völlig aus dem Umlauf zu verschwinden.

Dadurch nun, daß dem amerikanischen Dollar seine Barverfassung genommen wurde und man ihm Notalverfassung gab, ward dieser gewinnbringenden Manipulation, die wir soeben schilderten, der Boden entzogen. Die Folge war: es konnten in Zukunft beide, Dollar wie Piaster, bei verschiedenem Feingehalt ruhig nebeneinander mit gleicher Geltung kursieren. Die Bildung eines aus dem Plattenwerte abgeleiteten Agios war ausgeschlossen. Man empfand vermutlich und kannte vielleicht teilweise den höheren Feingehalt der einen Münzsorte gar nicht. Ein Analogon dafür haben wir bei uns in Deutschland bez. der sogenannten „dicken" Taler (1824—57 geprägt) und der Vereinstaler gehabt. Beide kursierten friedlich nebeneinander. Tausenden war ohne Zweifel gar nichts davon bekannt oder je zum Bewußtsein gekommen, daß es zwei verschiedene Arten dieser Münze gab. Von dem höheren Feingehalte dürften noch weniger Leute eine Ahnung gehabt haben.

War das Silber damit völlig seiner hylischen Eigenschaft verlustig gegangen? Nein. Die besprochene Anordnung beschränkte sich lediglich auf die 1 Dollarstücke. Die Teilstücke dieser Münze dagegen waren auch fernerhin frei ausprägbar. De jure also behielten sie ihren hylischen Charakter. Sie blieben bares Geld und zwar das einzige bare Geld neben den Goldmünzen.

Da sie aber proportional den 1 Dollarstücken ausgebracht waren und infolgedessen mit ihnen der gleiche Gewinn wie mit jenen erzielt werden konnte, so setzte man mit ihnen das alte Spiel fort. Sie verschwanden daher etwas langsamer, aber ebenso sicher wie vorher die Dollars und vordem die Goldmünzen aus dem Verkehr. Damit war praktisch auch für sie, also für das Silber in seiner Gesamtheit, die Hylolepsie aufgehoben.

Was trat an ihre Stelle? In welchem Gelde zahlte jetzt

der Staat? Abgenutzte spanische Piaster, notale Münzen fremden Gepräges nahmen den frei gewordenen Raum im Zahlungswesen ein. Diese sowie die notal gewordenen 1 Dollarstücke gelangten in valutarische Stellung. Akzessorisch waren die baren Goldmünzen, die noch baren Teilstücke des Dollars (beide Arten kaum vorhanden) und die Noten der ersten Vereinigten-Staaten-Bank.

Aber auch dieser Zustand hielt nicht lange, nämlich nur bis 1812, an. In den Zeiten des Krieges mit England vermochte sich nicht einmal dieses notale Geld mit metallenen Platten zu erhalten, sondern es mußte bald solchen mit papierenen weichen. Das war eigentlich der ganze Unterschied, der zwischen den Geldverfassungen dieser beiden Perioden bestand, den die Metallisten mit dem so allgemein gefürchteten Worte Papierwährung bezeichnen.

5. 1812—19. NOTALES PAPIERGELD WIRD VALUTARISCH BEHANDELT.

In den Jahren 1812—15 gaben nämlich die Vereinigten Staaten durch die Not gezwungen mehrfach staatliches Papiergeld in Form der sogenannten Schatznoten (treasury notes) aus. (Betrag 36 680 794 Dollars.) Sie waren in unserem (dem staatlichen) Sinne staatliches Geld, denn es ward im Gesetze vom 16. April 1816 bestimmt, „that the revenues of the United States ought to be collected and received in the legal currency notes, or in the notes of the banks as by law provided and declared“. Also auch die Noten gewisser Banken genossen ausdrücklich staatliche Akzeptation. Beide Geldarten erhielten zudem legal tender-Charakter. Bezüglich der Banknoten fand das aber nur auf die der 1816 inkorporierten II. Vereinigten-Staaten-Bank Anwendung. Beide Sorten von Papiergeld wurden somit Kurant- schlechthin obligatorisches Geld. D. h. jedermann war zu ihrer Annahme in unbegrenzten Beträgen gesetzlich verpflichtet. Sehr bald sah man sich sogar genötigt, sie aus ihrer bisher akzessorischen in valutarische Stellung zu heben. Alles Metallgeld, vorzüglich die Gold- sowie auch die sämtlichen Silbermünzen, bare wie notale wurden akzessorisch und erlangten positives Agio gegenüber dem valutarischen Papiergeld. Sie vermochten sich infolgedessen nicht mehr im lytrischen Verkehr zu halten. Eine vollkommene Notalverfassung mit papierenen Platten war hergestellt!

Kaum war der Krieg vorüber, noch befand man sich in den Wirtschaftskrisen der Jahre 1817 und 1819, da wurden schon eifrigst Anstalten getroffen und auf Mittel gesonnen, aus diesem Zustande herauszukommen. Was man wünschte, das war, das Metallgeld wieder in valutarische Stellung zu bringen. Zu diesem Zwecke suchte man zunächst das staatliche Papiergeld zu beseitigen. Das Gesetz vom 3. März 1817 bestimmte bereits: „that repealed all authority to issue or reissue Treasury notes, and directed cancellation of all notes received or funded.“ Aber auch mit dem nur staatlich akzeptierten und aus privater Emission herrührendem Notengelde der II. Vereinigten-Staaten-Bank wollte Präsident Jackson ein Ende machen. Nur Hartgeld lautete seine Devise. Ihm hatte es die Bank lediglich zu verdanken, daß ihr (Noten)-Privileg in den 30er Jahren nicht erneuert wurde. Damit schied also auch dies Papiergeld, die Noten der Bank aus dem Kreis des staatlichen Geldes aus. Tatsächlich von Erfolg begleitet waren diese Bestrebungen erst im Jahre 1834. Bis dahin trat interimistisch der vor Ausbruch des Krieges herrschende Zustand: „Notales Silbergeld in valutarischer Stellung“ wieder ein. Es war dies indes lediglich ein Notbehelf, bis man sich endgültig über die neue Währung schlüssig gemacht hatte.

Die Frage, welche allein zu diskutieren war, hieß: Welches Metallgeld, denn nur solches konnte in Betracht kommen, sollte valutarisch werden, Gold oder Silber? Das Natürlichste und Naheliegendste wäre ohne Zweifel gewesen, den Zustand des notalen Silbergeldes, der sich von selbst wieder eingestellt hatte, zu einem dauernden zu machen. Notales Silbergeld also hätte die Wahl gelautet. Eventuell hätte man auch noch weiter zurückgreifen und zu barem Silbergelde zurückkehren können. Keines von beiden geschah merkwürdigerweise. Bereits seit Ende der 20er

Jahre des 19. Jahrhunderts machte man dagegen vielfach Vorschläge, die darauf hinzielten, das Goldgeld in valutarische Stellung zu bringen. Also keine Restauration, sondern ein novatorischer Übergang sollte erfolgen. Wie ist diese Sinneswandlung zu erklären? Welche Motive lassen sich zu ihren Gunsten anführen und sie gerechtfertigt erscheinen?

II. Abschnitt 1834—1861.

DAS GOLDGELD IN VALUTARISCHER STELLUNG.

1. DIE GRÜNDE DES ÜBERGANGES.

Der äußerlichste, aber dem Laien am meisten in die Augen fallende Grund hierfür war eine reine Volksstimmung. Sie war an sich ohne jede Bedeutung, oder besser gesagt, hätte es für die zu wählende Geldverfassung sein sollen, vermochte aber die größte Wirkung auf die Massen auszuüben.

Das Gold war aus dem Verkehr schon seit vielen Jahren verschwunden. Seit fast 20 Jahren hatte man kein Stück mehr im Umlaufe gesehen. Aus welchen Gründen haben wir oben dargelegt. Da fiel es auf einmal jedem ein: Ach! hätten wir doch unser schönes Gold wieder! Wie später die Sehnsucht nach dem verschwundenen „Dollar der Väter", so bemächtigte sich jetzt die nach dem Golde der Menschen.

Ein zweites schon verständlicheres Motiv ist darin zu suchen. Die Produktion von Gold in den Südstaaten hatte sich von 5000 Dollars 1824 auf 868000 1833 gehoben. Man glaubte nun damals fast allgemein, wenn das vom Staate festgesetzte Ausmünzungsverhältnis dem Golde günstig fixiert würde, so erwüchse den Produzenten dieses Metalles dadurch großer Vorteil. Schutz für die aufstrebende Goldproduktion wurde als wünschenswert angesehen; und als Mittel sollte die Währung dienen.

Der tiefere, wirkliche Grund aber für diesen Schritt von der Silber- resp. Papier- zur Goldwährung dürfte u. E. ein rein pantopolischer, von den Handelsinteressen diktierter, gewesen sein, wenn man sich vielleicht dessen auch nicht voll bewußt war. Der Instinkt mag ganz richtig empfunden haben: Das mächtige damals zur See herrschende, allen anderen Nationen bei weitem vorauseilende einstmalige Mutterland England war seit 1816 zur Goldwährung übergegangen. Auf dieses war man fast ausschließlich in sehr vielen Dingen, besonders in Bezug auf industrielle Artikel, angewiesen. Der Weg von der neuen zur alten Welt führte zum mindesten in den meisten Fällen über England. Es übte die Herrschaft auf dem Geld- und Metallmarkte aus. Dort befand sich sein Weltmarkt. Gründe genug für Amerika, den Währungsanschluß an dieses Land nicht nur für wünschenswert, sondern auch für äußerst opportun zu halten. Stand doch auf der einen Seite ein mächtiger Gläubiger, auf der anderen ein damals noch schwacher, arg verschuldeter Staat.

2. DIE GESETZE VON 1834 UND 1837 UND IHRE BEDEUTUNG.

Auf welchem Wege suchte man das gewünschte Ziel zu erreichen? Welche Maßregeln, besonders gesetzlicher Art ergriff man zu diesem Zwecke? Das Einfachste wäre ohne Zweifel gewesen, kurzer Hand eine reine Goldwährung einzuführen. Besonderen Schwierigkeiten wäre das wohl nicht begegnet. Man brauchte nur sich seitens der Regierung bereit zu erklären, alles angebotene Gold zu einem festen, etwas höherem Satze als der Marktwert betrug, anzukaufen resp. zur Ausprägung in Goldgeld anzunehmen und sodann mit Gold zu bezahlen. Ein Opfer hätte dies allerdings den Staat gekostet. Das scheute man offenbar. Vielleicht fürchtete man auch eine solche Anordnung angesichts der Silberminenbesitzer nicht durchsetzen zu können. Schließlich schmeckte es wohl auch dem freien Amerikaner zu sehr nach Nachahmung Englands. Das durfte nicht sein. Wenn irgend möglich, mußte der Schein wenigstens gewahrt bleiben, als ob an dem vorzüglichen Münzgesetz von 1792 nichts Wesentliches geändert werde. Man versuchte daher auf einem mehr indirekten Wege und ohne daß dem Staate irgend welche Kosten erwuchsen, das gesteckte Ziel zu erreichen. Wie das geschah, lehren uns die Gesetze von 1834 und 1837.

Das Gesetz von 1792 bleibt, so bestimmte die Akte von 1834, in allen seinen Teilen bestehen. Gold und Silber sollen nebeneinander umlaufen. Das Gold besaß freie Ausprägbarkeit. Auch den 1 Dollarstücken wurde zu diesem Zwecke dieselbe durch regiminale Verfügung von 1834 resp. 1835 wieder verliehen. Beide Metalle waren demnach hylisch, der Bimetallismus de jure wieder hergestellt. Um aber dem Verschwinden des Goldes, wie es unter der Geltung des Gesetzes von 1792 sobald erfolgt war, vorzubeugen, änderte man, nachdem die alten Mittel des Ausfuhrverbotes etc. versagt hatten, das Ausmünzungsverhältnis. Der Golddollar ward von $242,^{75}$ auf 232 gr Feingehalt herabgesetzt. Dieser Vorschlag war übrigens bereits 1822 gemacht worden. Die Bedeutung dieser Maßregel hatte den Sinn: Die Goldmünzen wurden von dem Staate höher begültigt als ihrem Feingehalte entsprach, resp. dem Preis feinen Goldes, wie er gerade damals auf dem Weltmarkte galt. Die Relation zwischen Gold und Silber, so drücken es die Bimetallisten aus, verschob sich von $1 : 15^1/_2$ auf $1 : 16$ in Amerika. Nach der staatlichen Theorie bezeichnet, war der Vorgang nichts weiter als eine Änderung der hylogenischen für Goldmünzen giltigen Norm. Es wurde angeordnet, daß aus einer bestimmten Gewichtsmenge, sagen wir einem Pfunde feinen Goldes, mehr Dollars als bisher ausgeprägt werden sollten. Die Stücke wurden leichter als bisher geschlagen.

Dadurch, daß man im Jahre 1837 den Feingehalt des Dollars auf $232,_2$ statt, wie 1834 bestimmt, also 232, erhöhte, erreichte man ein Verhältnis vom Feingehalt zum Rohgewicht, das sich mit der runden Summe $^{900}/_{1000}$, statt wie bisher, $^{11}/_{12}$ $= 916\ ^2/_3/_{1000}$ ausdrücken ließ.

Lediglich, um in dieser Beziehung mit dem Goldgelde in völlige Übereinstimmung zu kommen, brachte man laut Akte vom 1. Januar 1837 auch das Silber auf $^{900}/_{1000}$ anstatt des vorher geltenden Verhältnisses von $\frac{892,42}{1000}$. Zu diesem Zwecke wurde das Rohgewicht der Silberdollars von 416 auf $412\ ^1/_2$ gr reduziert, während man den Feingehalt beibehielt. Also auch die hylogenische Norm der Silbermünzen wurde geändert und zwar in der Weise, daß künftig weniger Dollarstücke aus der gleichen Gewichtsmenge feinen Silbers gewonnen wurden als dies vordem der Fall gewesen war. Eine weitere Bedeutung kommt dieser Maßregel nicht zu.

Mehr Interesse gebührt hingegen einigen anderen Anordnungen betreffend chartale Behandlung und proklamatorische Geltung der einzelnen Münzarten, die dieses Gesetz von 1837 traf. Sie wurden bisher von keinem der von uns benutzten Schriftsteller erwähnt. Ganz natürlich; man legte ihnen keinen Wert bei. Erst die „staatliche Theorie" hat darauf aufmerksam gemacht.

Zunächst sind die Goldmünzen zu nennen. Man war offenbar der Meinung, infolge der vorgenommenen Normenänderungen müßte auch eine Bestimmung darüber erlassen werden, wie nun die alten mit einem höheren spezifischen Gehalte ausgestatteten laut Gesetz von 1792 geprägten Goldmünzen zu behandeln seien. De facto dürfte ihre Zahl aus den an anderer Stelle bereits angegebenen Gründen, nämlich ihres positiven Agios halber, nur ganz gering gewesen sein; vielleicht waren zu jener Zeit gar keine solche Stücke in Amerika vorhanden. Sie sollten, so sah das Gesetz vor, zu 94 8/10 per cent per penny weight in Zahlung genommen werden. Sie wurden demnach rein nach dem Gewicht (pensatorisch) behandelt. Dabei waren sie doch bares Geld, darin den neuen Stücken gleich, da ja ihr spezifischer Gehalt an der neuen hylogenischen Norm gemessen nicht niedriger, sondern sogar höher war. Praktisch zur Anwendung dürfte dieser Passus kaum gekommen sein aus den bereits oben angedeuteten Gründen.

In direktem Gegensatz hierzu, ob gewolltem oder ungewolltem mag dahingestellt bleiben, lauteten die entsprechenden Bestimmungen betreffs des Silbergeldes. Man betrachtete, vermutlich rein gefühlsmäßig, das Silber ganz anders und zwar als minderwertiger als das Gold, trotz seiner ausdrücklichen gesetzlichen Gleichstellung im Geldverkehr. Auf diesem Wege schlich sich bei den Silbermünzen zuerst und allein der Chartalismus ein. Er kam zum ersten Male deutlich in dem Gesetz von

1837 zum Ausdruck. Diese Akte sprach nämlich so, daß kein Zweifel mehr bleiben konnte, die proklamatorische Geltung für die Silbermünzen (nicht auch Goldmünzen) aus. Es hieß ausdrücklich von ihnen: „They shall be legal tender of payment according to their nominal value for any sums whatever." Also ihr Nominalwert, d. h. der, zu dem die Regierung sie begültigt hatte, sollte der allein maßgebende sein. Nach Gewicht und Abnutzung durfte nicht mehr gefragt werden.

Noch eklatanter kam dies zum Ausdruck durch die Bestimmung der gleichen Akte, nach der die gemäß Gesetz von 1792, also bei weitem leichter ausgeprägten Silbermünzen zu ihrem alten Werte Geltung behalten sollten. Sie wurden dadurch den neuen schwereren von 1837 gleichgestellt. Wir erleben damit den interessanten Fall, daß neben einem orthotypischen (den neuen gemäß Akte von 1837 ausgeprägten Dollars), noch des weiteren ein paratypisches, nicht nach der z. Zt. geltenden, sondern in diesem Falle nach einer früheren Norm ausgeprägtes Silbergeld die gleiche Geltung hat und de jure daneben kursiert.

Praktisch in Erscheinung dürfte dies wohl kaum getreten sein. Denn beide Arten Silbergeld gelangten sehr bald in akzessorische Stellung und wurden faktisch notal. Nach der alten Norm fand selbstverständlich eine Ausprägung nicht mehr statt. Nach der neuen war sie zwar de jure gestattet, unterblieb aber wohlweislich wegen des weit günstigeren Preises, den man auf dem offenen Markte für Barrensilber erhielt als dem neuen Ausmünzungsverhältnisse entsprach. Private brachten also kein Metall zum Zwecke der Verwandlung in Geld zur Münze. Der Staat selbst aber dürfte ebenfalls, da es nur mit Verlust hätte geschehen können, erhebliche Ausprägungen nicht vorgenommen haben.

3. DIE WIRKUNG DIESER BEIDEN GESETZE.

Was war mit den Gesetzen von 1834 und 1837 erreicht? Welche Änderungen zogen sie im amerikanischen Geldwesen nach sich und warum?

De jure, das muß festgehalten werden, wurde an dem Prinzip des Bimetallismus, wie er 1792 zur Grundlage der Geldverfassung gemacht worden war, nicht das Mindeste geändert. Beide Metalle, Gold wie Silber, waren frei ausprägbar. Nur das Ausmünzungsverhältnis, m. a. W. die Sätze, zu denen der Staat, der größte Verbraucher der beiden Metalle, Gold und Silber kaufte, resp. in Geld verwandelte, wurden anders festgesetzt.

Eine Entscheidung aber, welche der beiden Metallgeldarten die Regierung valutarisch behandeln, also am letzten Ende seinen Bürgern aufdrängen werde, hatte sie auch jetzt nicht getroffen. Man ließ in dieser Beziehung den Dingen freien Lauf. Und siehe da. Diesmal gelangte auf die gleiche Art wie nach 1792 das Silber-, nämlich auf obstruktionellem Wege, das Goldgeld in valutarische Stellung. Das Silbergeld wurde akzessorisch. Infolge des neuerdings fixierten Ausmünzungsverhältnisses stellte sich die Bewertung des in den Münzstücken enthaltenen Silbers seitens des Staates geringer als der offene Markt es bezahlte. Die Stücke erhielten daher positives (inneres) Agio (2 1/4 cents gegenüber 1 Golddollar), waren gesucht, wurden von den brokers gesammelt und exportiert. Anstatt sie zu Zahlungen an den Staat und an Private zu verwenden (zirkulatorisch), verkaufte man sie zu ihrem Plattenwerte, der ja höher war, und steckte den Gewinn in die Tasche. Die Folge war ein Verschwinden alles einigermaßen vollwertigen Silbergeldes. Nur ganz abgenutzte, darunter besonders fremde Münzen hielten sich im Umlauf, da sie ja einen Nutzen beim Export nicht mehr versprachen. Es waren dies nach White 1/2 und 1/4 Dollar- sowie 10 Dismesstücke, die 2 1/4 % von ihrem Silberwerte durch Abschaben verloren hatten. Dazu kamen hauptsächlich spanische und mexikanische Halb- und Vierteldollars. Damit war dem Silber in praxi seine freie Ausprägbarkeit (hylische Eigenschaft) genommen. An seiner Stelle begann infolge der für das Gold günstigen Verhältnisse dieses Metall „durch alle Kanäle des Handels ins Land zu fließen". Die Kassen des Staates füllten sich nur mit diesem Metall. Natürlich benutzte die Regierung von da ab fast stets Goldmünzen bei ihren apozentrischen Zahlungen, d. h.

sie behandelte das Goldgeld valutarisch. Man besaß also zu jener Zeit ein valutarisches Goldgeld mit Barverfassung und notales Silbergeld in akzessorischer Stellung. Und es wäre nur eine gesetzliche Bestätigung des de facto bestehenden Zustandes gewesen, wenn der vom Direktor der Münze 1861 gemachte Vorschlag ausgeführt worden wäre, der dahin lautete, „die Ausmünzung von Silberdollars ganz einzustellen oder diese nur noch als ‚subsidiary coins‘ auszuprägen“.

In dieser Richtung bewegten sich die Gesetze von 1849, 1851 und in gewissem Sinne auch die Akte von 1857. Sie beschäftigten sich alle nur mit dem Silbergeld als solchem, ließen dagegen seine (akzessorische) Stellung zum Goldgelde unberührt. Eine Änderung in dieser Beziehung trat bis zum Jahre 1863, dem Ausbruch des Bürgerkrieges, nicht ein. Auch der Charakter der Goldmünzen blieb während dieser Zeit unverändert.

4. DIE GESETZE VON 1849, 1851, 1853 UND 1857. VERSUCHE ZUR SCHAFFUNG UND ERHALTUNG DER MÜNZE DES KLEINVERKEHRS.

Wir haben gesehen, aus welchen Gründen die Silbermünzen nach 1834 resp. 1837 aus dem Umlauf verschwanden. Das war ein großer Übelstand. Er machte sich um so mehr geltend, als er die kleinen Stücke betraf, die im Verkehr des täglichen Lebens gar nicht zu entbehren sind. Man rief daher allenthalben nach Abhilfe. Das einzige, was die Regierung daraufhin tat, war: sie verfügte laut Gesetz vom 3. März 1849 die Ausprägung eines goldenen 1 Dollarstückes sowie eines zu 20 Dollar. Letzteres wurde übrigens ebenso wie das am 21. Februar 1853 eingeführte 3 Dollarstück laut Akte vom Jahre 1890 wieder beseitigt. Davon, daß die Vereinigten Staaten mit der Schaffung oben genannter Münze ihren Übergang zur Goldwährung dokumentiert hätten, wie auch behauptet worden ist, kann natürlich keine Rede sein. Diese Ausprägung war eine rein münz-technische Maßnahme, die mit der Währung als solcher wenigstens nach u. A. nichts, auch gar nichts zu tun hatte und zu tun haben konnte. Man braucht ja nur Deutschland, Frankreich, Österreich etc. zum Vergleich heranziehen. Nirgends ist die Einheit d. i. die Werteinheit gerade in Währungsmetall ausgeprägt. Und doch wird niemand die Goldwährung für Deutschland, England etc. ableugnen wollen und können.

Aber das goldene 1 Dollarstück vermochte die ihm zugedachte Funktion nur in ganz unzureichendem Maße auszufüllen. Der Mangel an kleiner Münze dauerte fort. Da der Staat weitere Schritte in dieser Richtung vorerst nicht unternahm, so half man sich notdürftig durch die seitens Privater erfolgende Ausgabe von allem möglichen Zeichengeld, Marken, Inhaberzeichen und kleinen Notenabschnitten. Es sollen zeitweise ziemlich bedeutende Summen davon im Verkehr gewesen sein. Sie stellten natürlich ihrer Emission nach ein rein privates Zahlungsmittel dar, und ihre Geltung erstreckte sich zunächst lediglich auf private Zahlungsmittelgemeinschaften. Ob sie, wenigstens teilweise, durch Akzeptation in das Geldwesen des Staates aufgenommen wurden, wie es z. B. 1862 mit gewissen Postmarken geschah, läßt sich nicht feststellen. Wir halten das indes nicht für ausgeschlossen. Bestimmte diesbezügliche Nachrichten oder gar Gesetze fehlen.

Erst im Jahre 1851 ließ sich der Staat dazu herbei, einen erneuten Versuch zu machen, diesem unhaltbaren, höchst unerquicklichen Zustande ein Ende zu machen. Eine Akte vom 3. März 1851 ordnete nämlich die Ausprägung eines zu $^3/_4$ aus Silber und zu $^1/_4$ aus Kupfer herzustellenden 3-Centstückes an.

Dies war also die erste Silbermünze, die paratypisch, d. h. abweichend von der damals für Silbermünzen giltigen Norm ausgebracht wurde. Sie trat damit in Gegensatz zu allen anderen vorhandenen Silbermünzen der Vereinigten Staaten.

Erst später, am 3. März 1853, erhielt dieses 3-Centstück das Gewicht von $^3/_5$ des half Dollarstückes und the same standard of fineness. Das letztere war aber bereits laut Gesetz vom 21. Februar 1853 mit samt allen übrigen Teilstücken des Dollars um ca. 7 % geringer, also mit negativem Agio ausgeprägt.

Da sich die Regierung zudem die Ausmünzung des 3-Centstückes allein vorbehielt, so wurde damit in bezug auf diese

Münzsorte die hylische Eigenschaft des Silbers aufgehoben. Die Stücke waren im Gegensatz zu den de jure noch hylogenischen übrigen Silbermünzen autogenisch.

Schließlich bestimmte eben diese Akte, die 3-Centstücke sollten nur bis 30 cents gesetzliches Zahlungsmittel sein. Demnach war 30 cents ihr kritischer Betrag, bis zu dem sie obligatorische Eigenschaft besaßen. Jeder mußte sich in diesen Grenzen die Zahlung in solchen Stücken gefallen lassen. Darüber hinaus konnte niemand zur Annahme im freien (anepizentrischen) Verkehre gezwungen werden; sie genossen rein fakultative Akzeptation.

Damit sind der staatlichen Theorie zufolge die Merkmale einer Scheidemünze gegeben. Wir haben also in dem 3-Centstück die erste silberne Scheidemünze der Vereinigten Staaten von Amerika vor uns. Nicht dagegen wurde eine solche erst, wie Dr. Prager in seiner „Währungsfrage“ ausdrücklich zu betonen Veranlassung nimmt, mit dem Gesetz vom 21. Februar 1853 geschaffen.

Über eine wenigstens regiminal erfolgende Einlösung dieses 3-Centstückes, das doch natürlich nicht definitiven Charakter besaß, erwähnte das Gesetz von 1851 nichts. Vermutlich geschah es aus dem leicht erklärlichen Grunde, weil damals ein solcher Umtausch dieser Stücke in eine definitive Geldart, etwa in Gold- oder Silberdollars, für absehbare Zeit wenigstens wohl kaum verlangt werden würde. Zog doch der Verkehr jene Stücke mit förmlicher Gier an sich. Das scheint sehr begreiflich in Anbetracht des vordem herrschenden Kleingeldmangels und der dadurch verursachten Unbequemlichkeiten. Bis zum Jahre 1853, einer verhältnismäßig kurzen Zeit sollen ganz bedeutende Beträge dieser Münzsorte zur Ausprägung gelangt sein. Von da ab traten an ihre Stelle, wie schon erwähnt, Stücke von gleicher Größe, deren münztechnische Zusammensetzung den anderen Teilstücken des Dollars analog war. Die 3-Centstücke vom Jahre 1851 werden daher in späteren Gesetzen nicht mehr erwähnt. Vermutlich wurden sie bei Eingang einbehalten und umgeschmolzen.

Der soeben besprochenen mehr vorläufigen, aus dem Drange der Not geborenen Maßregel, zur Beseitigung des Kleingeldmangels, folgte sodann das Gesetz vom 21. Februar 1853. Es suchte das Übel an der Wurzel zu packen und bemühte sich, diese Frage endgültig zu lösen. Man ging übrigens hierbei keineswegs original vor, sondern folgte vielmehr lediglich dem von England seit 1816 gegebenen Beispiel. Der Feingehalt der Teilstücke des Dollars, so bestimmte die Akte, sollte in Zukunft nicht mehr 371,25 grains pro 100 cents wie bisher betragen, sondern nur noch 345,06 grains (Rohgewicht 384 gr, also $^{900}/_{1000}$ fein). D. h. diese Silbermünzen, der half dollar, quarter dollar, disme und half disme, waren fortan um 6,91% geringer auszuprägen, als der zur Zeit geltenden hylogenischen Norm für Silbermünzen entsprach. Sie erhielten damit paratypischen Charakter.

Folgerichtig nahm man ihnen auch, resp. dem Silber in Bezug auf sie, seine freie Ausprägung (hylischen Charakter). Anstatt dessen wurde der Schatzsekretär ausdrücklich dazu ermächtigt, das zum Zwecke der Ausprägung dieses „subsidiary coin", wie es die Amerikaner nennen, nötige Silber anzukaufen. Die Regulierung des auszumünzenden und zu emittierenden Betrages dieser Geldsorte ward ganz seinem Ermessen anheimgestellt. Es geschah dies offenbar in der Annahme, er werde beides je nach den im Laufe der Zeit gewonnenen Erfahrungen klug bemessen und sich eine etwa in seinen Kassen eintretende Stauung zur Warnung dienen lassen. Jedenfalls, das ist das Bemerkenswerte hieran, wurde das in England und Deutschland übliche System der Kontingentierung der Scheidemünze nicht angewandt. Damit wird zugleich durch die Tatsachen der Glaube der Metallisten, sie trage wesentlich dazu bei, die Geltung dieser Geldart aufrecht zu erhalten, schlagend widerlegt. Nicht diese feste Normierung, die fast überall nach der Kopfzahl der Bevölkerung in bestimmten Quoten erfolgt, ist das Wichtige. Sie ist ganz roh und versagt häufig. Besonders auffallend wäre vermutlich ihre Willkürlichkeit in Amerika an den Tag getreten bei den so eminent verschiedenartigen Bedürfnissen an Zahlungsmitteln in den einzelnen Landesteilen. Nein, die alleinige

Hauptsache und der dieser Maßregel zugrunde liegende tiefere Sinn ist: Der Staat ist bestrebt und soll es sein, die Macht über sein akzessorisches Geld zu behalten. Das wurde ja aber vollkommen genügend dadurch erreicht, daß die Regierung sich die Ausgabe dieses Geldes allein vorbehielt und den Bedarf den Bedürfnissen anzupassen suchte.

Das auf diese Weise geschaffene Notalgeld mit silbernen Platten machte man, so lautete eine weitere Bestimmung des Gesetzes von 1853, zum gesetzlichen Zahlungsmittel „in all payments of debts for all sums not exceeding five dollars". Der kritische Betrag also, bis zu dem die neuen Teilstücke des Dollars Annahmezwang besitzen (obligatorisch sein) sollten, war 5 Dollars. Erst später, laut Akte vom 9. Juni 1879, wurde dieser Betrag auf 10 Dollars erhöht. Darüber hinaus bildeten diese Silbermünzen lediglich ein fakultatives Geld; niemand war verpflichtet, größere Beträge in Zahlung zu nehmen. Somit waren sie silbernes Scheidegeld mit dem genannten kritischen Betrage. Über ihre Einlösung wurde zunächst eine Bestimmung nicht getroffen. Der Grund hierfür dürfte vor allem darin zu suchen sein, daß das Verlangen nach einer solchen zur Zeit völlig außerhalb des Bereiches der Wahrscheinlichkeit lag. Erst das Gesetz von 1879 bestimmte, sie sollten auf Verlangen in Beträgen von 20 Dollars eingelöst werden. Demnach besaßen sie provisorischen Charakter.

Von all den soeben genannten, im Gesetz von 1853 erlassenen Bestimmungen wurde der Silberdollar nicht berührt. Er blieb vielmehr in seiner Beschaffenheit und Stellung, wie die Akte von 1837 sie endgültig festgestellt hatte, bestehen. De jure war er nach wie vor bares Geld. Seine Ausprägung blieb frei, wenn sie auch de facto wegen des ihm anhaftenden positiven Agios nicht ausgeübt wurde. Zudem behielt der Dollar mit seinen nach der alten Norm geprägten Teilstücken die Eigenschaft, in unbeschränktem Maße gesetzliches Zahlungsmittel zu sein. (Kurantgeld.) Ebensowenig hatte er von seinem definitiven Charakter etwas eingebüßt. Das einzige, worin er sich von den Goldmünzen unterschied, war seine akzessorische

Stellung. Sie hatte er wiederum allein mit den anderen neuen und alten Silbermünzen gemein. Während diese aber, wenigstens die neuen, ein von der Regierung absichtlich geschaffenes ca. $7^0/_0$ negatives Agio besaßen und sich daher im Verkehr zu halten vermochten, erfreute er sich mitsamt der alten Teilstücke eines positiven Agios und verschwand.

Die Geldarten und ihre Verfassung 1853.

Annahme bei den Kassen des Bundes genießen	I.	II.	III.	IV.
Goldmünzen 20, 10, 5, 3, 2½, 1 Dollarstück	Kurantgeld	definitiv	bar	valutarisch
alte Silbermünzen 1, ½, ¼ Dollar, 1 disme ½ disme	Kurantgeld	definitiv	bar	akzessorisch
neue Silbermünzen ½, ¼ Dollar, 1 disme ½ disme	Scheidegeld 5 Dollars kritische Höhe	nicht definitiv später einlösbar	notal	
Nickelmünzen (zu 3 cents)	Scheidegeld 30 cents kritische Höhe			
Kupfermünzen 1 u. ½ cents	rein fakultativ			

Die hiermit geschaffene Geldverfassung, die etwa seit 1853 Gültigkeit besaß, stellte nahezu eine unseren heutigen modernen Anforderungen entsprechende reine Goldwährung dar. Man besaß bares Goldgeld in valutarischer Stellung auf der einen Seite und silbernes notales Scheidegeld sowie das nötige Kupfergeld, beide als akzessorische Geldarten, auf der anderen Seite. Störend wirkten darin allein die 1 Dollarstücke, ein silbernes

Kurantgeld in akzessorischer Stellung. Sie kamen indes wegen des ihnen anhaftenden positiven Agios kaum noch vor. Das gleiche gilt von den alten Teilstücken des Dollars. Beide Geldarten scheiden damit de facto aus.

Etwas anders hingegen stand es in dieser Beziehung mit den noch immer in Umlauf befindlichen, ausdrücklich mit staatlicher Geltung versehenen Münzen fremder Länder. So blieben französische Kronen bis 1827 legal tender; 5 frs. Stücke mußten von 1816—27 zum Satze von 116 cents per ounce oder 0,933 für jedes Stück vom Gewicht von 16 penny weight 2 gr. angenommen werden. Ein Gesetz vom 25. Juni 1834 gab schließlich den Dollars von Mexiko, Peru, Chile, Zentralamerika und Brasilien sowie französischen 5 frs. Stücken Geltung zum Satze von 0,93 Dollars „but under certain conditions as to their weight and fineness“. Man verfuhr demnach, das mag hervorgehoben werden, bei diesen fremden Münzen bezüglich ihrer Begültigung noch immer nach pensatorischen (Gewichts-) Gesichtspunkten, während die eigenen Münzen bereits, wie wir gesehen haben, sich chartaler Behandlung erfreuten. Diese fremden Geldarten bildeten also einen Teil des akzessorischen Geldes. Sie waren notal. Ihre Vermehrung oder Verminderung lag aber nicht in der Macht des Staates. Nur indirekt vermochte die Regierung ihren Umlauf zu beschränken oder auszudehnen dadurch, daß sie die Begültigung in Landesgeld soweit herauf resp. herabsetzte, daß kein oder ein größerer Anreiz zu ihrem Import geboten wurde.

Erst ein vier Jahre später, 21. Februar 1857, erlassenes Gesetz ermächtigte die Regierung mit ihnen aufzuräumen. Die Ausmünzung der neuen silbernen Scheidemünzen war vermutlich so weit fortgeschritten, daß man nunmehr die fremden Münzen, welche vorher deren Dienst zum größten Teil versehen hatten, jetzt entbehren konnte. Die Regierung „repealed“ widerrief, wie der sehr treffende Ausdruck heißt, alle fremden Gold- und Silbermünzen. D. h. die Geltung, die ihnen seitens des Staates für die Zahlungsgemeinschaft „Vereinigte Staaten von Amerika“ verliehen worden war, obwohl sie fremdes Gepräge trugen, wurde ihnen wieder genommen. Sie hörten von diesem Moment an auf, amerikanisches Geld zu sein.

Die Teilstücke der spanischen und mexikanischen Dollars behielten allein noch Geltung. Sie sollten aber, so schrieb das Gesetz vor, an öffentlichen Kassen „at value below their nominal value", also offenbar nach ihrem wirklichen Gewicht, eingeliefert und umgeschmolzen werden. Der Staat trug demnach die Kosten der Abnutzung fremder Münzen nicht, obgleich diese vermutlich größten Teils in seinem Dienste geschehen war. Allerdings sicherte er sich durch das eingeschlagene Verfahren davor, daß ihm nur die am meisten abgenutzten Münzen der betreffenden Länder zur Einlösung präsentiert wurden. Großen Schaden dürften die Eigentümer solcher Münzen kaum erlitten haben, da ja deren Tarifierung auch vordem, wie schon erwähnt, nach dem Gewichte stattgefunden hatte und jeweils von der Regierung geändert worden war.

III. Abschnitt 1861—1879.

DAS PAPIERGELD (STAATLICHES SOWIE DIE NOTEN DER NATIONALBANKEN) IN VALUTARISCHER STELLUNG.

Leider sollten die geordneten Verhältnisse, zu denen man sich endlich durchgerungen hatte, nicht lange von Bestand sein. Kaum konnten sie recht zur Geltung gelangen, da brach der Bürgerkrieg aus und brachte in seinem Gefolge Papiergeld in valutarischer Stellung. Und zwar hielt dieser Zustand auch nach Beendigung der Kämpfe noch verhältnismäßig lange, nämlich bis 1879 an.

1. DAS PAPIERGELD IN DEN NORDSTAATEN.

Der Gang der Ereignisse war etwa folgender: Man beabsichtigte damals (1861) in den Nordstaaten zunächst sich durch eine Anleihe zu helfen. Dies schlug indes bei dem durch die anfänglichen Mißerfolge geringen Kredit, den man im Auslande genoß, fehl. Man sah sich daher genötigt, zu dem letzten noch bleibenden Mittel, der Ausgabe von staatlichem Papiergeld zu greifen. Die verschiedensten Versuche wurden in dieser Beziehung gemacht. Es wurden Schatznoten, die 5, ja sogar 6% Zinsen trugen und eine bestimmte Fälligkeit besaßen, emittiert. Die 5%igen waren mit Coupons versehen. Die Folge war daher: solange bis eine Zinszahlung fällig war, behielt man die Schatznoten in seiner Kasse zurück. Erst dann traten sie in die Zirkulation ein, bis die neu aufgelaufenen Zinsen es wiederum rätlich erscheinen ließen, sie aufzusammeln. Dies Spiel wiederholte sich stetig und übte natürlich einen sehr störenden Einfluß auf Ausdehnung und Kontraktion des Umlaufes aus. Nicht viel besser stand es mit einer anderen Form der legal tender Noten wie ihre Bezeichnung lautete. Sie bildeten eine Art Zinseszinsnoten, waren nach 3 Jahren von dem Datum der Ausstellung mit 6% Zinsen zahlbar. Diese waren zwar halbjährlich fällig, gelangten aber nur mit dem Kapital zusammen bei seiner Fälligkeit zur Auszahlung. Auf der Rückseite dieser Scheine befand sich ein sogenanntes „statement", das den jedesmaligen Wert der Note nach je 6 Monaten anzeigte. Dieser stieg bis zur Fälligkeit über den auf der Vorderseite aufgedruckten um ein Bedeutendes. So war beispielsweise die 10 Dollarnote, der kleinste ausgegebene Abschnitt dieser Scheine, bei ihrer Fälligkeit 11,^{94} Dollars wert. Legal tender-Charakter besaßen die Noten nur für den auf der Vorderseite angegebenen Kapitalbetrag. Sowoit waren sie demnach staatliches Geld. Genossen sie doch Annahmezwang im freien Verkehr. Es sollen ca. 226 Millionen davon zur Ausgabe gelangt sein. Welcher Betrag aber davon wirklich im Umlauf war, läßt sich kaum bestimmen. Er wechselte gewiß außerordentlich aus den oben angegebenen Gründen.

Die größte und dauernde Bedeutung haben nur die „Vereinigten Staatennoten", die wegen ihrer Rückseite vom Volksmunde „Greenbacks" getauft wurden, erlangt. Der Kongreß gab zunächst laut Gesetz vom 25. Februar 1862 150 Millionen Dollars von ihnen aus. Diese Summe wurde indes noch zwei Mal, gemäß legal tender bill vom 11. Juli 1862 und vom 3. März 1863, um den gleichen Betrag erhöht. Der Gesamtbetrag der emittierten Greenbacks belief sich daher schließlich auf 450 Millionen Dollars. Ihrem Charakter nach stellten sie ein sogenanntes eigentliches Papiergeld dar. Sie waren notales Geld mit papierenen Platten, so würde die Bezeichnung der „staatlichen Theorie" zufolge lauten. Ihre Ausgabe blieb der Regierung vorbehalten. Sie war vorläufig auf 450 Millionen Dollars beschränkt, d. h. gesperrt. Es wurde ihnen legal tender-Charakter seitens der Regierung beigelegt. Sie konnten also zu jedem beliebigen Betrag zu Zahlungen aller Art verwandt werden und mußten in gleicher Weise angenommen werden. Sie waren mithin obligatorisch, d. h. Kurantgeld. Eine Einlösung war wenigstens vorläufig nicht vorgesehen, auch keine Mittel dafür bereit gestellt. Die Greenbacks besaßen also damals definitiven Charakter. Während sie anfangs als akzessorisch zu denken sind, rückten sie sehr bald, nachdem Banken und Regierung die Barzahlungen eingestellt hatten, in valutarische Stellung. In dieser blieben sie bis ca. 1879.

Dem gegenüber wurden jetzt die Goldmünzen akzessorisch. Sie erhielten positives Agio, da der Kurs am 13. Januar 1863 bereits 142, Ende des gleichen Monats sogar 159 pro 100 Dollars Papier betrug. Fast völliges Verschwinden aus dem Verkehr war die natürliche Folge.

Aber nicht besser erging es dem Silbergeld. Sogar die absichtlich mit negativem Agio seitens der Regierung ausgestatteten silbernen Scheidemünzen gewannen jetzt des neuen valutarischen Papiergeldes halber, resp. ihm gegenüber, positives Agio. Sie vermochten sich daher nicht im Umlaufe zu halten. Infolgedessen trat großer Mangel an Kleingeld ein. Dies veranlaßte Privatleute aller Art, da die Regierung selbst untätig blieb, Stempelgeld und Postmarken und ähnliche Zettel in Abschnitten von 5, 10 und 50 Cents zu emittieren. Es sollen ca. 20 Millionen Dollar von diesem „Postage currency" im Verkehr gewesen sein. Es hielt sich wegen seines noch höheren negativen Agios neben dem Papiergeld. Da die Regierung sich ausdrücklich durch Gesetz vom 17. Juli 1862 bereit erklärte, diese Geldzeichen bis zu 5 Dollars an ihren Kassen anzunehmen, so traten sie infolge der hiermit ausgesprochenen staatlichen Akzeptation trotz ihres privaten Ursprunges in den Kreis des staatlichen Geldes ein. Weil sie unbeschränkte Zahlkraft nur bis zu dem angegebenen kritischen Betrage besaßen, so sind sie demnach als Scheidegeld zu bezeichnen. Wir haben somit das Beispiel eines papierenen Scheidegeldes vor uns. Es ist hiermit der Beweis erbracht, daß der Begriff der Scheidemünze, wie ihn die Metallisten bisher allein kannten und ausschließlich verwandten, zu eng ist. Unter die neue vom Verfasser der staatlichen Theorie dagegen gefundene Bezeichnung Scheidegeld läßt sich mühelos auch die oben genannte Geldart unterbringen.

Das gleiche Ziel, nämlich Ersatz für die verschwindende

Scheidemünze zu bieten, verfolgte die am 3. März 1863 erfolgende Ausgabe von Vereinigten-Staaten-Noten in Abschnitten von 3—50 cents. Es war dies das sogenannte, in kleinem Betrage noch bis auf den heutigen Tag vorhandene, „fractional currency". Sein Gesamtbetrag war incl. der postage auf höchstens 50 Millionen Dollars festgesetzt. Diese Noten waren nicht gesetzliches Zahlungsmittel, doch wurden sie von der Regierung beim Kauf von Post- und ähnlichen Marken sowie bei allen sonstigen Zahlungen unter 5 Dollars angenommen. Nur für die Einfuhrzölle konnten sie nicht verwendet werden. Ihr Umtausch, vermutlich auch größerer Beträge, in Greenbacks war gestattet. Sie nahmen also völlig die Stellung eines staatlichen Scheidegeldes ein. Der kritische Betrag war 5 Dollars. Bis dahin war ihre Annahme obligatorisch, darüber hinaus nur fakultativ, d. h., niemand konnte gezwungen werden, im freien Verkehr mehr als 5 Dollars dieses papierenen Scheidegeldes in Zahlung zu nehmen. Auch dieses „fractional currency" besaß definitiven Charakter. Erst viel später fand seine Einlösung in eigens zu diesem Zwecke ausgeprägten kleinen Silbermünzen statt. Der schon erwähnte Umtausch in Greenbacks kann doch nicht wohl so aufgefaßt werden.

Aber damit waren die verschiedenen Arten des damals in Umlauf befindlichen Papiergeldes, noch nicht erschöpft. Es fehlt noch eine sehr wichtige, die Noten der Nationalbanken. Wo leiteten sie ihren Ursprung her und welche Stellung nahmen sie in der Geldverfassung ein? Wesentlich auf Grund eines Vorschlages des Schatzsekretärs Chase's ging man im Jahre 1863 daran, das Notenbankwesen in Amerika nach dem Muster eines bereits in New-York bestehenden Systems abzuändern. Man gründete laut Gesetz vom 25. Februar 1863 (revidiert am 3. Juni 1864) sogenannte Nationalbanken, resp. sah die Umwandlung der bestehenden Staatenbanken vor. Diesen neuen Banken waren nur bestimmte, ganz sichere Geschäfte, ähnlich denen von den europäischen Zentralbanken betriebenen, erlaubt, und sie unterlagen mancherlei Beschränkungen. Die Hauptsache war aber, es wurde diesen Instituten, jedoch nur gegen die Hinterlegung von Regierungsbonds (Bundesobligationen) erlaubt, Noten bis zu 90%

dieser Sicherheit zu emittieren. Dadurch wurde vor allem der Zweck, den etwa durch den Krieg noch nötigen Anleihen einen möglichst ausgedehnten inländischen Markt zu sichern, erreicht. Die so gedeckten Noten erhielten legal tender-Charakter. Sie bildeten somit ein notales papiernes Kurantgeld gleich den Greenbacks. Ihr Betrag war de jure unbeschränkt, de facto fand er seine Grenze in der vorhandenen Menge von Staatsschuldverschreibungen. Nachdem die Barzahlungen seitens der Regierung sowie der Banken eingestellt waren, hatte auch ihre Einlösung damit ein Ende erreicht. Sie besaßen damals difinitiven Charakter. Zunächst befanden sie sich in akzessorischer, rückten jedoch zugleich mit dem übrigen staatlichen Papiergeld in valutarische Stellung, in der sie bis etwa 1879 verblieben.

So sah es in den verhältnismäßig noch geordneten Nordstaaten aus, die schließlich als Sieger aus dem Kampfe hervorgingen.

2. DAS PAPIERGELD IN DEN SÜDSTAATEN.

Viel unerfreulicher gestalteten sich hingegen die Verhältnisse in den konföderierten Südstaaten. Sie bildeten nach Ausbruch des Krieges bis zu seiner Beendigung gewissermaßen eine völlig selbstständige, losgetrennte Zahlungsgemeinschaft. Man schuf dort ein eigenes auf dies Gebiet beschränktes Geld, dessen Giltigkeit mit dem Aufhören der Trennung zwischen Süd- und Nordstaaten von selbst ihr Ende erreichte.

Die neu gebildete Konföderation der Südstaaten besaß noch weniger als die Nordstaaten aus sich heraus die Mittel, den Krieg zu führen. Man sah sich daher auch hier, da an das Unterbringen einer Anleihe nicht zu denken war, genötigt, zur Ausgabe von Papiergeld zu greifen. Wie aber solches in der Eile herstellen, da man weder die dazu nötigen Maschinen noch geeignetes Material besaß? All das ließ sich nur aus Europa beschaffen. Bis dahin aber verging viel kostbare Zeit. Man brauchte sofort Geld. Was tun? Es wurde ein ganz eigenartiger Weg eingeschlagen. Die Regierung lieh sich von den Banken des Landes gewisse Summen und zwar in Form von Banknoten. Diese setzte sie sodann als ihr Geld in Umlauf mit dem Versprechen, die Banknoten in ihren eigenen Schatznoten einzulösen, sobald sie angefertigt sein würden. Der Betrag, der auf diese Weise in Umlauf gelangten Banknoten wird auf ca. 85 500 000 Dollars geschätzt. Das ist eine Art der Akzeptation privaten Geldes seitens des Staates, wie sie in vollkommenerer Form wohl nicht gedacht werden kann. Da der Staat notgedrungen so gut wie nur in diesem Gelde zahlte, so ist es als valutarisch zu bezeichnen. Später scheinen diese Banknoten indes wieder in akzessorische Stellung geglitten zu sein, denn nur dann konnten sie ein Agio erhalten, wie es geschehen ist.

Erst am 9. März 1861 wurden anfangs 1 Million, später 2 Millionen Dollars „treasury notes" in Abschnitten nicht unter 50 Dollars von der Regierung ausgegeben. Sie waren ein Jahr nach dato zahlbar, und ihre Verzinsung betrug 3,65 %. Da sie an Ordre lauteten, gehören sie nach unseren (der staatlichen Theorie entnommenen) Begriffen nicht zum Gelde. Sie besaßen auch nicht legal tender-Charakter. Anders stand es hingegen mit den sogenannten „One and two years notes" von 1863, sowie den später ausgegebenen „compound interest notes". Sie erhielten beide, allerdings nur für die Hauptsummen, legal tender-Eigenschaft und wurden dadurch bis dahin staatliches Geld. Von den ersteren sollen bis 30. Juni 1863 211 Millionen, von den letzteren bis zum Jahre 1864 266 595 440 Dollars in Umlauf gekommen sein. Die Abschnitte durften nicht unter 10 Dollars lauten. Diese Noten gelangten sehr bald in valutarische Stellung. Akzessorisch wurde, wie leicht erklärlich, das gesamte Goldgeld. Es erhielt ziemlich hohes positives Agio, das im April 1862 50, im September 100, im Dezember 225, im Februar 1863 280, im August 900 und im Dezember des gleichen Jahres sogar 2000 betrug. Aber auch die vorher valutarischen Banknoten sanken in akzessorische Stellung und gewannen ein 90 % Agio gegenüber dem valutarischen Staatspapiergelde. Ja, das Papiergeld des Nordens erfreute sich sogar eines solchen von 400 %. Wir machen hier die interessante Beobachtung, daß ein Papiergeld, nämlich die Banknoten, gegenüber einem anderen den von

Staaten ausgegebenen Scheinen ein Aufgeld bedingt. Kennen die Metallisten überhaupt diesen Fall? Sprechen sie nicht nur von dem einen Agio, nämlich dem zwischen Metall und Papier? Oder haben sie nur diese Tatsache verschwiegen, weil sie ihnen unbequem war und sie keine Erklärung dafür wußten? Fast will es uns so scheinen. Wie leicht und einfach läßt sich dagegen der erwähnte Vorgang mit Hilfe der staatlichen Theorie erklären!

Man sieht aus der soeben kurz skizzierten Geldverfassung der Südstaaten, daß auch hier Papierwährung im vollsten Sinne des Wortes herrschte.

Dieser Zustand dauerte im Gebiete des Nordens wie des Südens nicht nur während des Krieges, sondern hielt auch noch nach seiner Beendigung besonders infolge der Wirtschaftskrisis der 70er Jahre längere Zeit an. Es fehlte zwar nicht an Versuchen, hiermit ein Ende zu machen. Bereits am 18. Dezember 1865 gab der Kongreß seine Zustimmung zur Wiedereinsetzung des Geldes in valutarische Stellung. Durch Gesetz vom 12. April 1866 wurde sogar ein Anfang gemacht durch Einziehung von 72 Millionen Dollars Greenbacks. Die 1875 erlassene Resumption bill sollte lediglich diesem Zwecke dienen. Aber nicht eher als am 1. Januar 1879 erlebten all diese Pläne ihre Verwirklichung, d. h. man ging erst damals tatsächlich wieder zur Goldwährung über, wie man sie theoretisch bereits in der Akte vom Jahre 1873 festgelegt hatte.

3. VERSCHIEDENE GESETZE, ENDE DER 60ER JAHRE ERLASSEN, BETREFFEND NICKEL- UND KUPFERMÜNZEN.

Ehe wir indessen auf den Inhalt und auf die Bedeutung dieser wichtigen Akte eingehen, mögen in Kürze noch einige kleine gesetzliche Maßregeln Erwähnung finden. Sie wurden in der Mitte der 60er Jahre getroffen und bezogen sich samt und sonders auf die an sich recht wenig wichtigen Scheidemünzen aus Nickel und Kupfer. Wir führen sie mehr auf, um das Bild der Geldverfassung möglichst vollständig auch in seinen kleinen Zügen wiederzugeben.

Das Gesetz vom 24. April 1864 ermächtigte die Münze zur Ausprägung eines 2 Centstückes. Sodann bestimmte es, die Kupfermünzen, welche bis dato, wie man sich erinnern wird, nur rein fakultative Annahme genossen hatten, sollten in Zukunft legal tender d. i. gesetzliches Zahlungsmittel sein. Die 1 Centstücke bis zu 10, die neuen 2 Centstücke bis zu 20 Cents. Sie rückten dadurch zu Scheidemünzen mit dem genannten kritischen Betrage auf. Ihre Ausgabe sollte je nach Bedürfnis gegen „coin“ erfolgen.

Laut Akte vom 3. März 1865 wurde diesem 2 noch ein 3 Centstück zugefügt. Seine münztechnische Zusammensetzung war auf 25% Nickel und 75% Kupfer festgesetzt. Diese neue Geldart war bis 60 cents legal tender, darüber hinaus fakultativ. Damit erhielt auch sie den Charakter des Scheidegeldes. Offenbar sollte dieses Metallgeld an die Stelle der kleinen Noten treten. Um diesen Prozeß zu beschleunigen, verbot man die weitere Ausgabe von fractional Noten in Abschnitten unter 5 cents und sagte den Umtausch sowie die Einlösung etwa noch ausstehender Noten solcher Art zu. Schließlich reduzierte man den erst kürzlich festgesetzten kritischen Betrag für 1 und 2 Centstücke auf 4 cents für beide Arten.

Die Akte vom 16. Mai 1866 schuf endlich noch ein 5 Centstück, dessen metallische Zusammensetzung die gleiche wie beim 3 Centstück war. Seine kritische Zahlungshöhe ward auf 1 Dollar fixiert. Für seine Unterbringung sorgte man durch Verbot der Emission von 5—10 cents fractional notes, deren prompte Einlösung und darauf folgende Vernichtung seitens des Schatzamtes angeordnet wurde.

Die Ausgabe aller dieser Scheidegeldarten, die man neu geschaffen hatte, behielt sich natürlich der Staat vor. Ihre anderweitige Emission unterlag strengen Strafen. Die Macht über diesen Teil des akzessorischen Geldes war damit der Regierung gesichert.

Das soeben erwähnte Gesetz von 1866 enthielt bemerkenswerter Weise in seiner Sektion 5 zum ersten Male auch etwas über die Einlösung resp. den Umtausch von Scheidemünzen in eine der definitiven Geldarten. Es setzte nämlich den kritischen Betrag der Einlösung für die silbernen Scheidemünzen, das subsidiary Geld ($^1/_2$ und $^1/_4$ dollar, disme und $^1/_2$ disme) auf 100 Dollars fest. Der betreffende Passus der Akte lautete: „that it shall be lawful for the treasurer and the several assistent treasurers of the United States to redeem in national currency, under such rules and regulations as may be provided by the Secretary the coin herein authorized to be issued, when presented in sums of not less than one hundred dollars.

Das Gesetz vom 3. März 1871 dehnte diese Bestimmung auf alle „all cooper, bronze, cooper-nickel and base-metall" Scheidemünzen aus. Für sie (die 5, 3, 2 und 1 Centstücke) wurde die kritische Höhe der Einlösung auf 20 Dollar fixiert.

Diese Einlösung der Scheidemünzen, wie sie soeben mehrfach erwähnt wurde, entsprang indes nicht der irrigen, wenn auch vielfach verbreiteten Auffassung, nur auf diese Weise könne sich diese Geldart zu der ihr beigelegten Geltung im Verkehr halten. Es geht dies u. E. klar und deutlich aus der folgenden Stelle des Gesetzes vom 3. März 1871 hervor. Sie lautet nämlich wörtlich: „whenever under this authority these coins are presented for redemption in such quantity as to show the amount outstanding to be redundant the secretary of the Treasury is authorized to discontinue or diminish the manufacture and issue of such coinage until otherwise ordered by him." Man beabsichtigte und glaubte also lediglich, daß die Einlösung, je nachdem sie häufiger oder seltener erfolgte, den besten Maßstab für den Bedarf in dieser Münzsorte abgeben werde. Der Schatzsekretär wurde angewiesen, sich bei der Ausprägung von Scheidegeld danach zu richten.

Auch eine Akte von 1878 mag in diesem Zusammenhange noch gleich erwähnt werden. Ihr zufolge sollten zwecks Einlösung der 1863 ausgegebenen fractional-notes silver coins von 10, 20 (1876) und 50 Cents ausgeprägt werden. Sie erhielten bis 5 Dollars legal tender-Eigenschaft und traten dadurch an die Seite des schon vorhandenen Scheidegeldes. Ihre Ausgabe war ebenfalls beschränkt.

IV. Abschnitt.

DAS GESETZ VON 1873, DER ÜBERGANG ZUR GOLDWÄHRUNG. (DE JURE)

So ordnete man bis ins einzelste die Stellung und den Zahlungskreis der kleinen Scheidemünze. Die Muße, welche die 60er Jahre infolge der herrschenden Papierwährung, gegen die man sich zur Zeit machtlos fühlte, auf diesem Gebiete auferlegte, benutzte man dazu, diese vorher etwas vernachlässigte Materie gründlichst zu bearbeiten und auszubauen.

Erst nachdem dies geschehen war, und die Hoffnung zur Metallwährung zurückzukehren, der Erfüllung nahe schien, nahm man eine völlige Neuordnung der gesamten Geldverfassung, wie man sie lange geplant hatte, in Angriff. Das Resultat ward im Gesetz von 1873 niedergelegt.

1. DAS „VERBRECHEN" VON 1873.

Diese Akte ist bekanntlich später zu großer Berühmtheit gelangt, vielleicht könnte man auch sagen, berüchtigt geworden, als das „crime" von 1873. Besonders die Bimetallisten haben nach Jahren die Behauptung aufgebracht und nicht oft genug wiederholen können, eine ordnungsmäßige Beratung des Gesetzes habe nicht stattgefunden. Einige Senatoren ließen sich sogar nachträglich dazu herbei, zuzugeben, sie hätten seiner Zeit von dem Inhalte und der Bedeutung der Akte nichts gewußt. Ende der 70er Jahre wurde heftig um diese Dinge gestritten. Sie bildeten auch noch später eines der ersten Kampfesmittel der Bimetallisten in Europa. Heute sind alle jene Vorgänge durch verdienstvolle Detailarbeiten, zu denen vor allem auch das diesbezügliche Kapitel in Pragers „Währungsfrage" gehört, längst geklärt. Danach spielten sich die betreffenden Vorgänge etwa so ab:

Das Metall in den Silberdollars jener Zeit, um deren künftige nicht mehr freie Ausprägung handelte es sich vornehmlich, war 2 cents mehr wert als der Golddollar, d. h. die Silberdollars besaßen metalloplatisches Agio zur Zeit, als die Akte die beiden Häuser passierte. Es wurde daher keine Entgegnung gegen das Gesetz von 1873, das den Silberdollar aus der Reihe der zu prägenden Münzen ausschied, gehört. Erst als der Preis des Silbers Ende der 70er Jahre auf dem Weltmarkte sank, sodaß der Silberdollar anstatt seines positiven ein negatives Agio erhielt, wurde es üblich zu sagen, die Akte sei heimlich durchgegangen. Die Wahrheit in dieser Beziehung lautet: Die Bill war 2 Jahre und 2 Monate vor dem Kongreß. Sie wurde 13 Mal auf seinen Befehl hin gedruckt. Die Debatten über sie beschäftigten 66 Kolumnen in dem Senat und 78 in dem Repräsentenhaus. Das Nichtweiterleben des Silberdollars war speziell im Hause diskutiert worden. Der Grund, warum es so wenig die Aufmerksamkeit auf sich gezogen hatte, bestand lediglich darin, daß diese Münze de facto bereits seit 1834 aufgehört hatte zu existieren, als die Relation zwischen Gold und Silber infolge des neuen Ausmünzungsverhältnisses sich auf 16 : 1 stellte. Wäre das Silber nicht gefallen, so würde niemand den Silberdollar je vermißt haben.

2. DIE NEUEN BESTIMMUNGEN DER AKTE.

De jure die wichtigste Änderung, welche das Gesetz von 1873 brachte, war allerdings dieses Ausscheiden des Silberdollars. Es geschah übrigens in der denkbar einfachsten Form. Bei der im Texte vorgenommenen Aufzählung der künftig auszuprägenden Münzen blieb er fort. Fast stillschweigend schied er damit aus. Die Bedeutung dieses Vorganges lag darin: Man bekannte sich hiermit zum ersten Male zur reinen Goldwährung. Mit dem Bimetallismus, an dem seit 1792, wenigstens dem Prinzipe nach, unentwegt festgehalten worden war, wurde jetzt gebrochen.

Aller Welt gegenüber gab man mit einer gewissen Selbstverständlichkeit nunmehr zu verstehen: Wir wollen, sobald wir im Stande sind, die Barzahlungen wieder aufzunehmen, dies in Gold tun, d. h. es valutarisch behandeln und die Silberdollars, das

Kurantgeld zu definitivem Gebrauch abschaffen. Unser gesamtes Silbergeld soll künftig nur noch den Charakter notalen Scheidegeldes tragen.

Dem widersprach die Schaffung eines neuen Silberdollars, des Trade-Dollar, nicht. Wie schon der Name andeutete, sollte er eine reine Handelsmünze sein. Er war lediglich zum Export bestimmt. Um die Stücke hierfür besonders tauglich zu machen und sie vor allen Dingen zu befähigen, den mexikanischen schweren Dollar, ihren nächsten Konkurrenten aus dem Felde zu schlagen, gab man diesem Trade-Dollar das bedeutend höhere Standardgewicht von 420 gr. Er stellte somit zwar eine vom amerikanischen Staate geprägte Münze dar, aber ebensowenig wie s. Zt. die Maria Theresia (Levantiner) Taler in Österreich waren diese Trade-Dollars deshalb amerikanisches Geld. Der Staat verlieh ihnen eben für Amerika selbst nicht die Eigenschaft des gesetzlichen Zahlungsmittels. Sie genossen auch sonst keine Akzeptation an den öffentlichen Kassen. Von der Einlösung, resp. dem Umtausch in definitives Goldgeld, wie solche bei Scheidemünzen stattfand, wurden sie ausdrücklich ausgeschlossen. Sie waren, da man das offenbar zunächst für völlig ungefährlich hielt, frei ausprägbar.

Uneingeschränkt gilt das soeben Gesagte indes erst vom Jahre 1876 resp. 1878 ab. In der kurzen Zwischenzeit war die Stellung der genannten Geldart eine ganz eigentümliche, interessante und äußerst lehrreiche. Man hatte nämlich im Jahre 1873, ob versehentlich oder nicht mag dahingestellt bleiben, diesem neuen Trade-Dollar legal tender-Charakter bis 5 Dollars gegeben. Bis zu diesem Betrage war er also in der Tat demnach amerikanisches Geld, und zwar kommt ihm die Eigenschaft von Scheidegeld mit der obigen kritischen Höhe zu. Ja, diese Scheidemünze besaß sogar, was noch merkwürdiger erscheinen dürfte, Barverfassung, denn das Silber war hylisch und die Stücke waren der Norm entsprechend, resp. mit höherem spezifischen Gehalt ausgeprägt. Man denke sich bares Scheidegeld! Über 5 Dollars hinaus besaßen die Stücke jenen oben bezeichneten Charakter von reinen Handelsmünzen.

Erst das Gesetz vom 22. Juli 1876 beseitigte die Freiprägung. Anstatt dessen wurde der Schatzsekretär ermächtigt, „to limit from time to time, the coinage thereof to such an amount as be may deem sufficient to met the export demand for the“. Die Veranlassung zu diesem Vorgehen war die folgende: Sobald der Preis des Silbers fiel, sodaß die Trade-Dollars anstatt eines positiven ein negatives Agio erhielten, wurde es für jedermann profitable, Silber zur Münze zu bringen, um sich solche Dollars ausprägen zu lassen und sie dann in Umlauf zu setzen. Es konnte dies entweder im Innlande bis 5 Dollars und darüber hinaus im Auslande geschehen. Die natürliche Folge war: es begannen sich bald die Kanäle des kleinen Handels mit dieser Geldart zu füllen. Sie wurden geradezu eine Plage. Um sich vor einem Überhandnehmen dieses akzessorischen Geldes zu schützen und die Macht darüber wieder in die eigene Hand zu bekommen, hob der Kongreß folgerichtig ihre Freiprägung (1878) auf und nahm ihnen noch vorher ihren legal tender-Charakter (1876). Erst von da ab schieden die Trade-Dollars völlig aus dem amerikanischen Geldwesen aus und galten in ihrer ganzen Ausdehnung nur als Handelsmünzen.

Wegen dieser Maßregeln entspannen sich heftige Diskussionen; und sogleich waren Spekulanten bei der Hand, die ein Geschäft daraus machten, diese Trade-Dollars zu ihrem Silberwerte oder wenig darüber aufzukaufen in der Erwartung, die Regierung werde sie über kurz oder lang zu pari einlösen. Ja, man reimportierte sogar große Summen aus dem Auslande, so z. B. aus China ca. 2 Millionen. Und wirklich, jene Leute hatten sich nicht getäuscht. Im Jahre 1887 ging eine Bill im Kongreß durch, die anordnete, alle Trade-Dollars, die binnen 6 Monaten präsentiert werden würden, sollten al pari (nämlich in Bland dollars) eingelöst werden. Circa 8 Millionen gelangten tatsächlich daraufhin zum Umtausch. Eine rechtliche Verpflichtung, so will uns scheinen, dies zu tun, lag für die Union nicht vor. Hatte sie doch diesen Münzen den Geldcharakter für ihr Gebiet ausdrücklich entzogen. Man folgte offenbar nur dem Drucke mächtiger Spekulantenkreise, die auf Kosten des Staates einen hohen Gewinn machten.

Eine weitere wichtige Bestimmung des Gesetzes von 1873,

nach deren Erwähnung wir bei den von uns benutzten Schriftstellern natürlich vergeblich gesucht haben, betraf die proklamatorische Geltung der Goldmünzen. Für die Silbermünzen war solche ja bereits, wie an anderer Stelle gezeigt worden ist, laut Gesetz vom Januar 1837 in vollem Maße ausgesprochen. Die Goldmünzen dagegen behandelte man derselben Akte zufolge noch immer fast rein nach dem Gewicht (pensatorisch). In dieser Beziehung tat man jetzt einen kleinen Schritt vorwärts. Man ahmte nämlich das in Europa fast allgemein eingeführte und zumeist noch heute in Kraft befindliche Passiergewicht für private Nehmer nach. Die betreffende interessante Gesetzesstelle lautete: „all this gold coins shall be legal tender in all payments at their nominal value when not below the standard weight and limit of tolerance provided in this act for the single piece, and when reduced in weight below said standard and tolerance, shall be a legal tender at valuation in proportion to their actual weight; and any gold coin of the United States, if reduced in weight by natural abrasion not more than half one per centum below the standard weight prescribed by law, after a circulation of twenty years, shall be received . . . under such regulations as . . . against fraudulent abrasion or practices". Für die gestattete Abnutzung wurde demnach nicht nur eine quantitative, sondern auch eine temporäre Grenze festgesetzt. Wir sehen, zur reinen Chartalität, wie man sie bezüglich der Silbermünzen in verhältnismäßig frühen Zeiten schon anwandte, vermochte man sich bei den Goldmünzen auch jetzt noch nicht durchzuringen. Dagegen lehnte sich offenbar der förmlich im Blute steckende Metallismus zu sehr auf.

Worin lag nun der Wert der genannten Anordnung? Er beruhte lediglich in der damit erreichten Festsetzung eines hylodromischen Spielraums für Goldmünzen. Dadurch erhielt nun auch der hylophantische Zweig der in Amerika herrschenden Chrysodromie seine volle Ausbildung. Mit anderen Worten: Man konnte fortan sicher sein, nicht nur für jedes Pfund feinen Goldes eine entsprechende Anzahl Dollarstücke zu erhalten (das garantierte die freie Ausprägbarkeit dieses Metalles) (Chrysolepsie), sondern man besaß auch andrerseits eine gewisse Gewähr dafür, daß in einer zwischen verhältnismäßig nur sehr engen Grenzen liegenden Stückzahl goldener Dollarstücke ein Pfund feinen Goldes enthalten sei (Chrysophantismus). Wesentlich verstärkt wurde diese Sicherheit dadurch, daß laut derselben Akte „any gold coins in the treasury of the United States reduced in weight below the limit of abrasion shall be recoined. Demnach war der Staat bestrebt, nur vollwichtige Goldmünzen auszugeben und bereit, die Kosten für die auf natürlichem Wege sich vollziehende Abnutzung auf sich zu nehmen. Er zeigte sich also bis zu einem gewissen Grade als Chartalist auch beim Nehmen seines Geldes. Dies war immerhin schon ein bedeutender Fortschritt gegen früher, als man den Verlust einfach dem letzten privaten Nehmer aufbürdete, wie das heute noch in England der Fall ist.

Schließlich müssen mindestens der Vollständigkeit halber noch einige Anordnungen genannt werden, welche die Akte (von 1873) bezüglich des Scheidegeldes traf.

Mehr Einheitlichkeit, das war offenbar die Maxime, unter welcher der kritische Betrag der obligatorischen Annahme im Zahlungsverkehr für die 3 und 1 Centstücke auf 25 cents festgesetzt wurde. Die seiner Zeit geschaffenen Stücke zu 2 cents wurden dabei stillschweigend abgeschafft, vermutlich weil ein Bedürfnis, sie weiterhin auszuprägen, nicht vorlag.

Sodann wiederholte das Gesetz in der folgenden höchst präzisen Fassung die Einlösung resp. den Umtausch silbernen Scheidegeldes in definitives Goldgeld mit einem kritischen Betrage von 100 Dollars mit den Worten: „that the silver coins other than the trade-dollar shall he paid out at the several mints, and at the assay-office in New-York City, in exchange for gold coins at par, in sums not less than one hundred dollars“.

Zugleich und ergänzend durch das Gesetz vom 22. Juli 1876 wurde festgesetzt, der Schatzsekretär dürfe nur eine bestimmte Menge Silber zur Prägung dieser Münzsorte ankaufen. Der Gesamtbetrag des von ihm auszugebenden „subsidiary coin“ einschließlich des „fractional currency outstanding“ sollte jedenfalls rund 50 Millionen Dollars nicht übersteigen. Aber auch vor Erreichung dieser Höchstgrenze war die Anschaffung des erforderlichen Silbermaterials dem Gesetze zufolge nur so lange zulässig, als damit kein Verlust verbunden war.

Diese letztere Bestimmung war offenbar lediglich in Hinblick auf ein etwaiges rapides Steigen des Silberpreises angefügt. Die erstere hingegen bedeutete einen vollkommenen Bruch mit dem bisher üblichen Prinzip, demzufolge die Bemessung des Betrages des auszugebenden Scheidegeldes bisher dem Ermessen des Schatzsekretärs überlassen worden war. Das neue Gesetz dagegen schrieb eine vollkommen feste, mehr oder weniger willkürliche Grenze anstatt dessen vor. Zum mindesten war eine Überschreitung in Zukunft erst an die Einbringung einer neuen Akte gebunden. Die Gesamtsumme des Scheidegeldes war gesperrt.

In Bezug auf die Nickel- und Kupfermünzen, ihren kritischen Betrag der Einlösung sowie die diesbezüglichen Modalitäten blieb alles bei dem, was durch Gesetz von 1871 bestimmt worden war.

So stellte die Akte von 1873 eine Revision im wahrsten Sinne des Wortes dar. Sie ordnete die Stellung sowie die Funktionen des Metallgeldes innerhalb des Rahmens der amerikanischen Geldverfassung erschöpfend. Völlig außer Betracht dagegen blieben dabei: das staatliche Papiergeld und die Banknoten. Ganz natürlich, denn die Amerikaner waren, wie alle Welt, Metallisten. Für sie gab es daher Geld in erster Linie und wohl allein in Form von Münzen. Papiergeld und Banknoten kamen erst an zweiter Stelle. Sie scheinen mehr als ein notwendiges Übel, ohne das man aber nicht auskommen konnte, betrachtet worden zu sein. Aber sie waren doch vorhanden und erfreuten sich sogar valutarischer Stellung. Was geschah mit ihnen, nachdem Amerika wieder zur Goldwährung übergegangen war?

3. STELLUNG DES AMERIKANISCHEN PAPIERGELDES, DER GREENBACKS, IM AMERIKANISCHEN GELDWESEN.

Das staatliche Papiergeld, die in den Kriegsjahren geschaffenen sogenannten Greenbacks, sollten, das war die mehr als einmal bei ihrer Ausgabe ausgesprochene Anschauung, rein temporären Charakter tragen. Ihr Schicksal lautete demnach: Sofortige Einziehung des ganzen Betrages, nachdem der Krieg zu Ende war, und sie somit ihre Aufgabe erfüllt hatten. Aus rein praktischen Gründen entschied man sich indes beim Nahen des fraglichen Zeitpunktes dafür, daß dieselbe nur ganz allmählich erfolgen sollte. Eine plötzliche Kontraktion der Umlaufsmittel suchte man ängstlich zu vermeiden. So ward laut Kongreßbeschluß von 1864 der Gesamtbetrag der Greenbacks für die Zeit nach Ende des Krieges zunächst auf 400 Millionen Dollars festgesetzt, 1865 empfahl dann M. Culloch sie allmählich, je nachdem die Steuern eingingen, zurückzuziehen. Daraufhin ordnete der Kongreß an, es sollten monatlich 4 Millionen Greenbacks einbehalten werden. Auf diese Weise wurde ihre Summe auf 356 Millionen bis zum Jahre 1876 reduziert. Es folgte die Akte von 1876. Sie enthielt in bezug auf die Greenbacks eine neue, eigentümliche Bestimmung. Sie setzte nämlich fest, sie dürften fortan nur in der Höhe von 80% der neu zur Ausgabe gelangenden Banknoten eingezogen werden. Was hatten die letzteren mit den Greenbacks zu schaffen? Woher nahm man das angegebene Prozentverhältnis? Der dabei zugrunde liegende Gedanke scheint der gewesen zu sein. Die Menge der Umlaufsmittel sollte auf keinen Fall eine Verminderung erfahren. Mit einer Einziehung der Greenbacks, glaubte man, werde eine (gleichzeitige) Vermehrung der Banknoteu Hand in Hand gehen. Die letzteren sollten also einfach mit der Zeit an die Stelle der ersteren treten. Da man nun des weiteren annahm, die Banken hielten zumeist 20% aller vorhandenen Greenbacks in ihren Reserven, so glaubte man als tatsächlich zu ersetzenden Umlauf nur 80% aller Greenbacks berücksichtigen zu dürfen. Schließlich war auf diese Weise das Papiergeld der Vereinigten Staaten auf 300 Millionen herabgesunken. Einer weiteren Reduktion widersetzte man sich jedoch aufs heftigste. Vielmehr verausgabte man nochmals 82 Millionen von den bereits eingezogenen Noten. Der finanzielle Vorteil, den ihre Ausgabe brachte, sowie die lange Gewöhnung des amerikanischen

Volkes an diese Scheine, waren offenbar schuld an dem Mißerfolge auf diesem Gebiete. Schließlich fixierte das Gesetz vom 31. Mai 1878 die Greenbacks ein für allemal auf den damals gerade ausstehenden Betrag von 346 681 016 Dollars. In dieser Menge laufen sie noch heute um.

Und ihre Stellung in der damaligen Geldverfassung? Sie waren ein notales, papyroplatisches, autogenisches Geld. Da sie legal tender-Eigenschaft auch ferner besaßen, blieben sie Kurantgeld. D. h. Beträge dieser Geldart in jeder beliebigen Höhe mußten im freien (anepizentrischen) Verkehr genommen werden. Die einzige Ausnahme bildeten Zollzahlungen. Für diese durften die Scheine überhaupt nicht verwandt werden. Der für diese Art Zahlung geltende Kreis war demnach ein besonderer und zwar engerer. Es durfte von den Greenbacks nur die oben genannte Summe ausgegeben werden. Folglich waren sie gesperrt. Während sie in den Kriegszeiten eine definitive Geldart infolge ihrer Uneinlösbarkeit dargestellt hatten, so erhielten sie jetzt provisorischen Charakter. Sie waren nämlich von da ab jederzeit in „coin" später seit 1900 sogar in Gold auf Verlangen einlösbar. Schließlich ist noch zu erwähnen, daß sie nach der Rückkehr der Vereinigten Staaten zur Goldwährung (wieder) in akzessorische Stellung sanken.

4. CHARAKTERISIERUNG DER BANKNOTEN.

Die Noten der Nationalbanken, praktisch die allein vorhandenen, behielten ihre legal tender-Qualität nach wie vor. Sie blieben somit schlechthin obligatorisch im freien Verkehr, also Kurantgeld. Trotz ihrer privaten Emission wurden sie damit in den Kreis staatlichen Geldes aufgenommen. Nach Beendigung des Krieges verloren auch sie ihren definitiven Charakter und erhielten provisorischen. Die Einlösung hatte seitens der emittierenden Bank, und zwar in gesetzlichem Gelde zu erfolgen. Erst bedeutend später übernahm auch das Schatzamt gegen Deponierung einer Barreserve von 5% des umlaufenden Notenbetrages subsidiär diese Funktion. Die Ausgabe dieser Nationalbanknoten war prinzipiell, soweit die vorgeschriebene

Deckung in Staatsobligationen beschafft und eine gewisse Höhe des Aktienkapitals nicht überschritten wurde, nicht beschränkt. In Wirklichkeit war ihr in der Menge der überhaupt vorhandenen Bonds sowie deren Rentabilität eine verhältnismäßig ziemlich enge Grenze gezogen. Sobald das Goldgeld valutarisch wurde, kehrten auch sie wieder in akzessorische Stellung zurück.

5. DIE GOLDZERTIFIKATE, IHR CHARAKTER UND IHRE STELLUNG.

Schließlich bleibt aus jener Zeit noch eine Art von Zahlungsmittel, die Goldzertifikate, übrig. Sie haben wenigstens zeitweise neben den Greenbacks und den Nationalbanknoten eine große Rolle gespielt. Ihren Ursprung verdanken sie dem Gesetz vom 3. März 1863. Der Zweck war, den Verkehr in Gold zu erleichtern. Das kam besonders den Importeuren, welche auch in den Zeiten der Papierwirtschaft die Zölle in Gold zu entrichten hatten, zugute. Indes wünschte man auch auf diese Weise die ziemlich kostspieligen Transporte innerhalb des eigenen Landes möglichst zu vermeiden. Die Ausgabe dieser Scheine erfolgte etwa in der Weise: Das Schatzamt sowie die Unterschatzämter händigten jedermann gegen Deponierung von Goldmünzen oder Goldbarren Scheine in Appoints von 20, 50, 100 etc. Dollars aus. Somit stellten diese Zertifikate ihrer Entstehung nach lediglich Bescheinigungen des Staates über empfangene Goldmengen dar. Dies kommt auch darin deutlich zum Ausdruck, daß eine gesonderte Aufbewahrung ähnlich wie beim depositum regulare vom Gesetz vorgeschrieben war. Man konnte daher natürlich jederzeit die Einlösung dieser Zertifikate in Gold fordern. Sogenannter Zwangskurs wurde ihnen zwar nicht verliehen; aber sie sollten, so lautete die Bestimmung, von den Kassen der Regierung bei allen Zahlungen angenommen werden. Damit war die staatliche Akzeptation klipp und klar ausgesprochen. Sie traten also, soweit sie wenigstens nicht mehr wie anfangs an Ordre lauteten, in den Kreis staatlichen Geldes.

Die Geldarten und ihre Verfassung 1873.

<table>
<tr><th>Annahme bei der Zentralkasse, dem Schatzamte, genießen</th><th>I.</th><th>II.</th><th>III.</th><th>IV.</th></tr>
<tr><td>Goldmünzen 20, 10, 5, 3, 2 1/2, 1 Dollar</td><td>Kurantgeld</td><td>definitiv</td><td>bar</td><td>valutarisch</td></tr>
<tr><td>Silbermünzen 1/2 u. 1/4 Dollar, 1 u. 1/2 disme</td><td>Scheidegeld</td><td>einlösbar</td><td>notal</td><td rowspan="8">akzessorisch</td></tr>
<tr><td>Trade-Dollar bis 5 dollars (—76)</td><td>Scheidegeld</td><td>definitiv</td><td>bar</td></tr>
<tr><td>Nickel- u. Kupfermünzen</td><td>Scheidegeld</td><td rowspan="6">einlösbar</td><td rowspan="5">notal</td></tr>
<tr><td>Greenbacks (staatl. Papiergeld)</td><td>Kurantgeld</td></tr>
<tr><td>fractional notes (staatl. Klein-Papiergeld)</td><td>Scheidegeld</td></tr>
<tr><td>Nationalbanknoten</td><td>Kurantgeld</td></tr>
<tr><td>Goldzertifikate</td><td>reinfakultativ</td><td>bar</td></tr>
</table>

Sie dienten dieser Funktion in ziemlich ausgedehntem Maße, wie die folgenden Zahlen beweisen. Nachdem die ersten Goldzertifikate am 13. November 1865 emittiert worden waren, erreichte ihre Ausgabe am 30. Juni 1875 einen Höchstbetrag von 21796000 Dollars. Vom 1. Dezember 1878 stellte die Regierung ihre Emission ein, da sie annahm, ein Bedürfnis liege, nachdem die Aufnahme der Barzahlungen in Gold erfolgt sei, nicht mehr vor. Erst am 12. Juli 1882 begann man mit ihrer

Ausgabe seitens des Staates von neuem. In der Zwischenzeit hatten übrigens die New-Yorker Banken auf eigene Rechnung gegen Deponierung des entsprechenden Metalles solche Goldzertifikate in großen Summen bis 45 330 000 Dollars emittiert und sich ihrer mit großem Nutzen bedient. Die amtlichen Goldzertifikate erreichten am 30. Juni 1890 eine Höhe von 157 542 979 Dollars. Nach einer nochmaligen Suspension führte schließlich das Gesetz von 1900 diese Geldart, allerdings mit einem später zu erwähnenden Vorbehalte, wieder ein.

Betreffs ihrer Charakterisierung dürfte sich etwa folgendes sagen lassen. Obwohl diese Goldzertifikate aus Papier bestanden, besaßen sie hylogenischen Charakter. Gab der Staat sie doch nur gegen Einlieferung des hylischen (frei ausprägbaren) Metalles Gold aus. Das einzige, was sie von den orthotypisch ausgebrachten und damit baren Goldmünzen unterschied, bestand darin, daß dem Gold einliefernden Privatmann nicht Münzen, sondern der Norm entsprechend Scheine seitens der Regierung ausgehändigt wurden. Wir haben damit den seltsamen Fall eines hylogenischen orthotypischen Papiergeldes (soweit wenigstens Barren eingeliefert wurden). Wie hätten die Metallisten diese komplizierte Erscheinung erklären sollen, die doch nur die drei Arten Gold-, Silber- und Papiergeld kennen?! Da im freien Verkehr niemand gezwungen war, diese Zertifikate anzunehmen, sind sie fakultativ. Ihr provisorischer Charakter, ihre jederzeitige Einlösbarkeit, wurde bereits oben betont. Sie befanden sich in akzessorischer Stellung.

V. Abschnitt 1878—1895.

DER GOLDWÄHRUNG DROHT GEFAHR INFOLGE ÜBERMÄSSIGER SCHAFFUNG AKZESSORISCHEN GELDES.

1. DAS GESETZ VON 1878, DIE SOGENANNTE BLANDBILL.

Das war ungefähr das Bild, welches die amerikanische Geldverfassung am Beginn des Jahres 1878 zum mindesten de jure aufwies. Rekapitulieren wir kurz: Valutarisches Goldgeld mit Barverfassung; daneben akzessorisches Nickel-, Silber- und Kupfergeld sowie Staatspapiergeld, Banknoten und Goldzertifikate mit Notalverfassung. Eine für die damalige Zeit treffliche Ordnung des Geldwesens.

Schade nur, daß erst volle 22 Jahre dahin gehen mußten, bevor das Geldwesen der Union in dieser Form Tatsache werden sollte. Wie kam das? Welche Ereignisse oder Maßregeln trugen die Schuld daran? In welcher Beziehung wurde das reine Bild der Goldwährung getrübt? Bimetallismus, resp. die krampfhaften Versuche, ihn von neuem zum Leben zu erwecken, um auf diese Weise den gefallenen Preis des Silbers zu heben, lautet die Antwort der Vertreter der Goldwährung. Wir möchten im Anschluß an die staatliche Theorie uns noch genauer ausdrücken, die Sache bei ihrem wahren Namen nennen und sagen: Die weit über das Maß des Bedürfnisses hinaus betriebene Schaffung eines notalen Kurantgeldes in akzessorischer Stellung, das war der Rückschritt, den man tat. Er bedeutete zugleich einen Fortschritt hin nach einem obstruktionellen Übergang zur reinen Silberwährung.

Die Periode von 1878—1900 möchten wir gleichsam als einen Irrweg bezeichnen, der zeitweise weit ab von der mit

Recht eingeschlagenen Richtung der Goldwährung zu führen drohte. Sie läßt sich auf Grund der 3 Gesetze von 1878, 1890 und 1893 leicht in drei Abschnitte zerlegen.

Wenden wir uns zunächst dem ersten von ihnen, der Akte vom 11. Februar 1878, der sogenannten Blandbill, zu. Sie bezweckte, so sagte ausdrücklich ihr Titel: „an acte to authorize the coinage of the standard silver dollar, and to restore its legal-tender character", den alten Silberdollar von 412 1/2 gr, welchen das Gesetz von 1873 beseitigt hatte, wieder auszuprägen und ihm seinen Charakter als gesetzliches Zahlungsmittel zurückzugeben. Zu diesem Zwecke wurde der Schatzsekretär angewiesen, monatlich für nicht mehr als 4, mindestens aber für 2 Millionen Dollars Silber zu kaufen und die so angeschafften Silbermengen monatlich in Dollarstücke von 412 1/2 gr ausmünzen zu lassen. Diesen verlieh sodann die Regierung unbeschränkte gesetzliche Zahlkraft. Dadurch wurden sie ein notales Silber-Kurantgeld ähnlich unseren Talern in Deutschland.

Wie kam man dazu, eine Geldart, die man noch vor wenigen Jahren ausgeschieden hatte, jetzt von neuem und zwar in so bedeutenden Beträgen durch besonderes Gesetz zu schaffen? Was konnte die Regierung veranlassen, an den 1873 aufgestellten so trefflichen Grundsätzen in der Währungsfrage zu rütteln?

Die Ursache war die folgende. Sie hatte mit der Geldverfassung an sich nicht das geringste zu tun.

Der Preis des Metalles Silber fiel wenige Jahre nach 1873 von seinem bis dahin fast stabilen Stande von 61 d pro Unze auf 49 d gegen Ende der 70er Jahre. Die Veranlassung dafür dürfte vor allem in dem rapiden Anwachsen der Silberproduktion und der gleichzeitigen Abnahme seines Verbrauches sowohl zu industriellen als auch besonders zu monetären Zwecken zu suchen sein. Mehrere Länder, die sich des Silbers zur Verwandlung in Geld in großen Mengen bedient hatten, wie Deutschland und die skandinavischen Königreiche, waren Anfangs der 70er Jahre zur Goldwährung übergegangen. Seitdem schieden sie infolgedessen aus dem Kreise der Abnehmer nahezu aus, ja Deutschland trat sogar noch, wenn auch nur für verhältnismäßig geringe Beträge als Abgeber auf dem Londoner Silbermarkte auf. Dadurch gerieten die Silberminenbesitzer von Nevada in große Unruhe. Sie fürchteten mit Recht ein immer weiteres Fallen ihres Produktes im Preise. Zwar waren jene Leute nur verhältnismäßig gering an Zahl, aber desto mächtiger an Einfluß. Diesen boten sie denn auch in seiner ganzen Größe auf und brachten den Wählern wirklich ihre eigene Überzeugung bei. Diese aber lautete: Der Silberpreis muß auf die alte Höhe gebracht werden, mindestens aber ist seinem rapiden Sinken Einhalt zu tun. Dies kann aber nur und muß mit Hilfe des Staates geschehen. Aber wie? Sehr einfach, der Staat braucht zu diesem Zwecke lediglich die Ausprägung der alten „Dollar der Väter", wie sie ihn tauften, um ihn populär zu machen, wieder freizugeben. Dann wird der Preis des Silbers von selbst seine alte, richtige Höhe erreichen. Einen vollen Erfolg erreichten sie zwar zunächst nicht. Der Senat lehnte die unbeschränkte Ausmünzung dieser Stücke ab. Dafür stimmte er dem Ankaufe und der Ausprägung jener oben genannten großen Beträge seitens der Regierung, wie sie die Akte vom 11. Februar 1878 vorsah, zu. Das war immerhin sehr viel. Es hat übrigens, wie schon hier erwähnt werden mag, diese Maßregel den Sturz des Silbers nicht aufhalten können.

Jedoch nicht nur die erhoffte gute Wirkung der Akte blieb aus, sondern sie übte vielmehr einen höchst verderblichen Einfluß auf das Gefüge der Geldverfassung der Vereinigten Staaten, von deren Interessen sie ihrem Inhalte nach doch allein hätte diktiert sein müssen. Worin bestand er? Man könnte wohl sagen und hat es auch getan, daß die mit der Blandbill im amerikanischen Geldwesen geschaffene Änderung gar nicht der Rede wert gewesen sei. Auch vor 1873 besaß man ja den Silberdollar von 412 1/2 gr. Er war ebenfalls Kurantgeld gewesen und hatte definitive Eigenschaft besessen. Also, so argumentierte man, der alte Zustand wurde vermittelst des Gesetzes von 1878 wiederhergestellt. Das ist indes nicht richtig, resp. es trifft nur das rein Äußerliche des Vorganges. Der Unterschied besteht darin: Der Silberdollar vor 1873 besaß allerdings alle jene genannten Eigenschaften, aber zudem hatte er noch ein hohes, metalloplatisches positives Agio. Infolgedessen war er schon lange vor jener Zeit aus der Geldverfassung ausgeschieden, da ja für die Eigentümer jener Stücke die Verwendung zum Plattenwerte den größeren Nutzen bot. Dagegen war die Stellung des nach 1878 gleichsam wieder ins Leben gerufenen Dollars eine völlig andere, obwohl münztechnisch nicht der geringste Unterschied zwischen beiden bestand und sie zudem noch manch wichtige Eigenschaften wie die unbeschränktes und definitives Zahlungsmittel zu sein gemeinsam hatten. Er erhielt nämlich infolge des seit Anfang der 70er Jahre heftig gefallenen Silberpreises ein verhältnismäßig ziemlich hohes negatives Agio, resp. wurde gleich mit einem solchen behaftet, emittiert. Seine lytrische (zirkulatorische) Verwendung war daher die vorteilhaftere. Die Folge war: Nur von ihr allein wurde Gebrauch gemacht. Dieser sogenannte Blanddollar blieb somit nur zu gern im Verkehr haften und trug dazu bei, die akzessorischen Geldarten mit negativem Agio des weiteren um ein Beträchtliches zu vermehren.

Bei der gewaltigen Menge (2—4 Millionen Dollars monatlich), in welcher die Ausprägung des Silberdollars erfolgen sollte, war es vorauszusehen, daß sich diese Münzart verhältnismäßig bald in den Kassen der Regierung stauen würde. In je größerem Maße dies geschah, um so mehr lag die Gefahr nahe, über kurz oder lang, wenn man immer nur Silber empfing und Gold ausgab, auf obstruktionellem Wege zur reinen Silberwährung zu gelangen.

Daß dies in der Tat nicht schon sehr bald eintrat, war verschiedenen gleich zu nennenden glücklichen Umständen zu danken. Zunächst; die Silberdollars besaßen nicht fakultativen, sondern definitiven Charakter. Die Folge war: Da jedermann gezwungen ward, diese Münzen zu jedem Betrage im freien (anepizentrischen) Verkehr anzunehmen, sie aber andererseits auch auf diesem Wege stets mit Sicherheit weitergeben konnte, so verwandte man die Silberdollars nur gelegentlich zu an den

Staat gerichteten (epizentrischen) Zahlungen. Sie sammelten sich daher bei weitem langsamer in den Kassen der Regierung an, als dies sonst wohl der Fall gewesen wäre.

Des weiteren heischt das gewaltige Anwachsen der Bevölkerung (jährlich mehr als 1 Million) sowie die enorme Zunahme von Handel und Verkehr gebührende Berücksichtigung. Nach der Periode tiefster Depression, die dem Bürgerkriege und der Krisis von 1873 folgte, nahm die wirtschaftliche Entwicklung einen außerordentlichen Aufschwung am Ende der 70er und anfangs der 80er Jahre. Die Ernten waren sehr ergiebig, und die Handelsbilanz stellte sich zugunsten Amerikas. Dadurch ergab sich eine große Nachfrage nach neuen Umlaufsmitteln, besonders für den mittleren und kleinen Verkehr.

Diese wurde noch verstärkt durch den verhältnismäßig großen Rückgang der Menge der Nationalbanknoten, der ungefähr zur gleichen Zeit erfolgte. Der Grund dafür lag in der Reduktion der öffentlichen Schuld. Konnten doch die Banken laut gesetzlicher Vorschrift nur auf Grund von bei dem Schatzamt deponierten Bundes-Obligationen überhaupt Noten emittieren. Zudem stiegen aus den gleichen Gründen die amerikanischen Bonds bedeutend. Dies veranlaßte die Banken, mindestens einen Teil ihrer Noten aus dem Umlaufe zurückzuziehen, um auf diese Weise Bundesanleihen frei zu bekommen, die sich ja mit einem schönen Nutzen zur Zeit an der Börse verkaufen ließen. Das geschah in großem Umfange. In der Zeit zwischen November 1882 und Februar 1890 wurden 168 Millionen Dollar-Noten zurückgezogen.

Aus dem Zusammenfallen dieser verschiedenen Umstände lediglich erklärt es sich, warum wenigstens anfangs jene neuen Silberdollars, die in so großen Mengen dem Verkehr aufgedrängt wurden, bei ihm ohne Murren Aufnahme fanden. Erst im Laufe der Zeit, besonders nach der Depression des Jahres 1884, machte sich eine gewisse Stauung bemerkbar. Es stellte sich allmählich heraus, daß der Verkehr höchstens 50—60 (ca. 57) Millionen Dollars dieser Münze absorbieren konnte. Zeitweise häuften sich große Beträge davon als sogenanntes „totes Silber“ in den Kellern des Schatzamtes an.

Dies beobachtete man, resp. sah es voraus und sann auf Abhilfe. Anstatt aber, wie es offenbar das Einfachste gewesen wäre, die Ausgabe der Dollars von Stund ab einzustellen, verfiel man auf einen höchst sonderbaren, doch interessanten Ausweg.

Es wurde nämlich bereits laut Gesetz von 1878 eine neue Geldart, die Silberzertifikate vorgesehen. Zunächst lauteten sie auf 10 Dollars, erst gemäß Akte vom 4. August 1886 wurden auch solche in Abschnitten von 1, 2 und 5 Dollars ausgegeben. Ihre Ausfertigung stand dem Schatzsekretär zu. Man glaubte offenbar, und darin irrte man sich nicht, der Verkehr werde dieses Papiergeld den großen silbernen Dollarstücken vorziehen.

Auf welcher Basis ruhte dieses neue Papiergeld, welches war sein Charakter und seine Stellung im amerikanischen Geldwesen? Die Sektion 3 der Akte vom 11. Februar 1878 besagt über ihre Schaffung: „Jeder Besitzer von Münzen, wie sie dieses Gesetz einführt (also Silberdollars), kann dieselben beim Schatzmeister oder irgend einem Unterschatzmeister der Vereinigten Staaten in Summen nicht unter 10 Dollars, entsprechend den Wertabschnitten der Vereinigten Staaten-Noten, in Empfang nehmen. Die Münzen, welche für diese Zertifikate hinterlegt sind, sollen im Schatzamte zum Zwecke der Auszahlung auf Verlangen bereit gehalten werden. Solche Zertifikate sollen für Zölle, Steuern und alle öffentlichen Lasten in Zahlung genommen, und wenn eingenommen, aufs neue ausgegeben werden können."

Man sieht, die Zertifikate waren ihrer Entstehung nach lediglich, wie ja auch ihr Name besagte, Bescheinigungen über beim Schatzamte deponierte Silberdollars. Legal tender-Charakter besaßen sie nicht, „but are receivable for all public dues". Ihre Annahme war also für alle öffentlichen Kassen vorgeschrieben. Damit traten sie in den Kreis des staatlichen Geldes. Im Privatverkehr war es natürlich trotzdem jedermann gestattet, sie zurückzuweisen. Das geschah auch in der Tat seitens der New-Yorker Banken. Diese beschlossen nämlich im November 1878, sich der Silberzertifikate im Clearingsverkehr nicht zu bedienen. Als sie daraufhin von der Regierung zur Rede gestellt wurden, und man ihnen mit Entziehung von Staatsdepositen etc. drohte, entgegneten sie kühl: Man könne sie zwar zwingen, jene Scheine anzunehmen, nicht aber sie wieder zu verausgaben. Wie vorzüglich tritt in der hier wieder gegebenen Auffassung die Wichtigkeit der Annahme hervor! Die Zertifikate waren natürlich kein definitives Geld, sondern ihrer Natur nach einlösbar (provisorisch) und zwar wie ihr Name besagte, zunächst in Silber. Später wurden sie zum mindesten indirekt auch in Gold eingetauscht. Des ferneren sind sie als ein orthotypisches autogenisches Geld zu bezeichnen. Denn man lieferte dem Staate ein nicht hylisches Metall (Silber) in Münzform und erhielt dafür entsprechend der Zahl der eingelieferten Silberdollars Scheine. Wollten wir in Deutschland ein Analogon suchen, so müssen wir uns den Fall denken, daß die Regierung jedem, der ihr eine bestimmte Anzahl Taler brächte, dafür z. B. Reichskassenscheine aushändigte. Wir sehen, sie sind ein recht kompliziertes Gebilde, diese Silberzertifikate. Wie sollte man sie wohl mittels der alten unausgebildeten Technik bestimmen und erklären?! Es dürfte dies kaum möglich gewesen sein. Mit Hilfe der staatlichen Theorie dagegen war es, wie wir gesehen haben, eine verhältnismäßig leichte Sache, ihren Charakter genau zu zeichnen. Es mag übrigens hier beiläufig erwähnt werden, daß sowohl die Erscheinung der Gold- wie auch die der Silberzertifikate eine Analyse in der staatlichen Theorie Knapps noch nicht gefunden hatten. Wir haben den Versuch gemacht, sie zu geben, und dabei gefunden, daß sie zwar eine neue eigentümliche Geldart darstellen, sie aber doch trefflich in den weiten Rahmen der Theorie Professor Knapps sich einfügen lassen. Ihre Möglichkeit war theoretisch schon vorgesehen; es fehlte nur, daß sie tatsächlich in Erscheinung traten.

2. DIE AKTE VON 1890, DIE SOGENANNTE SHERMANBILL.

Obwohl man, wie die Schaffung der soeben erwähnten Silberzertifikate deutlich bewies, das Fehlerhafte der Akte von 1878 erkannte, ließ man sich im Jahre 1890 von den einflußreichen Silbermagnaten noch einen Schritt weiter auf der beschrittenen falschen Bahn drängen. Der weitere Sturz des Silbers von 51 1/4 d seit 1879 auf 41 11/16 d 1889 vermochte eine Wirkung nicht auszuüben. Anstatt daran die Erfolglosigkeit der ergriffenen Maßregel zu erkennen, stellte man die Sachlage geradezu auf den Kopf. Man behauptete nämlich: Der Preis des Silbers ist weiter gesunken nur, weil wir nicht genug für dieses Metall getan haben. Es muß mehr geschehen. Wirklich erreichte man denn auch zwar nicht die gewünschte unbeschränkte Ausprägung der Dollars, aber es wurde doch eine gewaltige Vermehrung der staatlichen Silberankäufe durchgesetzt. Das Gesetz vom 14. Juli 1890, die sogenannte Shermanbill bestimmte in dieser Beziehung folgendes: die Silberankaufsklausel der Blandbill (Gesetz vom 11. Februar 78) hat keine Giltigkeit mehr. Anstatt dessen wird der Schatzsekretär verpflichtet, künftig monatlich 4 1/2 Millionen Unzen Silber zu kaufen und dies solange fortzusetzen, bis der Silberpreis 1,29 Dollar pro Unze erreicht hat.

Wie kam man gerade auf die genannte Quantität? Das geschah vermutlich so. Sherman, der Urheber des Gesetzes, schätzte damals die gesamte jährliche amerikanische Silberproduktion auf 45 Millionen Unzen. Sie erhöhte sich durch Verhüttung mexikanischer Erze auf 54 Millionen Unzen. Das waren 12 mal 4 1/2 Millionen. Man hatte also an maßgebender Stelle den Gedanken gefaßt, die ganze Silberproduktion der Union staatlicherseits aufzukaufen. Das geplante Verfahren wurde gerechtfertigt, indem man die Behauptung aufstellte und verfocht, ebenso wie die Fabrikindustrie, könne auch die Silberindustrie des Landes staatlichen Schutz beanspruchen.

Aber auf welche Weise sollten die für die vorgeschriebenen Ankäufe nötigen Summen beschafft werden? Die Bezahlung dieses Silbers, so bestimmte die Akte, hat in Schatznoten (Treasury notes of the United States) zu erfolgen. Sie werden in Abschnitten von 1—1000 Dollars ausdrücklich zu diesem Zwecke ausgegeben. Legal tender-Qualität erhielten diese Noten „in all payment of all debts public or private.“ Damit wurden sie staatliches und zwar Kurantgeld. Ihre Stellung glich in dieser Beziehung vollkommen der der Greenbacks. Ihr Betrag war ebenfalls begrenzt. Es ward nämlich bestimmt, kein größerer Betrag solcher Noten dürfe zu irgend einer Zeit ausstehen als die Kosten von dem Silberbullion und den daraus geprägten Silberdollars betragen würden. Sie sollten ferner auf Verlangen in „coin" (Münze) zahlbar sein und, wenn eingelöst, wieder ausgegeben werden. Unter diesem „coin" verstand man sowohl Gold- als auch Silbergeld. Es war damit in die Discretion des Schatzsekretärs gestellt, welche der beiden Münzsorten er zur Einlösung verwenden wollte. Allerdings enthielt die Akte in dieser Beziehung noch eine wichtige Einschränkung in der Bestimmung: „Es solle die feste Politik der Vereinigten Staaten sein, die Parität der beiden Metalle aufrecht zu erhalten." Dies bedeutete de facto nichts anderes und wurde auch stets in der Weise gehandhabt, als daß der Schatzsekretär diese Scheine, wenn es gefordert wurde, in Gold einlöste.

Neben der Emission dieser Schatznoten nahm die Ausmünzung des angekauften Silbers in Dollarstücke ruhig ihren Fortgang. Das Gesetz von 1890 ordnete sogar eine wesentliche Beschleunigung derselben an, indem es bestimmte, bis 1. Juli 1891 sollten monatlich 2 Millionen Unzen in Dollars ausgeprägt werden. Dies war besonders in Anbetracht der Schwierigkeiten auf die ihre Unterbringung im Verkehr stieß, eine gewaltige Menge. Erst von dem genannten Zeitpunkt ab war einer Verlangsamung der Ausprägung vorgesehen. Sie hatte dann nur nach Bedarf zu geschehen. Darunter verstand man vermutlich, in solcher Menge, wie es die Einlösung der Schatznoten erforderlich machen würde.

Und der Effekt dieses neuen Gesetzes? Auch der hiermit gemachte Versuch, den Silberpreis durch Intervention des Staates künstlich zu heben, scheiterte kläglich. Trotzdem die Regierung ein Drittel bis ein Halb der gesamten Silberproduktion der Welt ankaufte, fiel der Preis dieses Produktes weiter um ca. 13—14 d.

Das einzige Gute dieser Bill bestand lediglich darin, daß wenigstens vom Jahre 1891 an der Ausprägung der Silberdollars so gut wie ein Ziel gesteckt war. Aber was half das, wenn, wie es geschah, man statt dessen Schatznoten ausgab. Es trat doch damit lediglich die eine Form des akzessorischen Geldes an die Stelle der anderen. Das Hauptübel aber, auf das es ankam, die Vermehrung des akzessorischen Geldes weit über den Bedarf hinaus, blieb bestehen oder wurde gar noch vergrößert. Der ganze Unterschied zwischen beiden liegt u. E. lediglich in den Platten der beiden Geldarten. Die eine von ihnen, die Silberdollars, besaß Metall-, die andere, die Schatzscheine (und Silberzertifikate), Papier-Platten. Zudem waren ja auch die letzteren durch das gleiche im Preise stark sinkende Metall gedeckt.

Das Ganze ist überhaupt ein Gebaren, das sich vom Standpunkte eines geordneten Geldwesens schlechterdings nicht verstehen läßt. In Europa bemühte man sich zu jener Zeit überall, den „Silberbuckel", den man nun einmal aus der Periode der reinen Silberwährung überkommen hatte, möglichst schnell und verlustlos abzuschütteln. Die Vereinigten Staaten von Amerika waren dank der Gunst der Verhältnisse frei davon. Aber statt dessen froh zu sein, gehen sie hin und belasten ihre Geldverfassung mit einem Kurantgeld zu definitivem Gebrauche aus eben jenem Metalle, in den denkbar größten Dimensionen. Was ist der Grund? Nur, um wenigen einflußreichen Silberminenbesitzern einen in der Marktlage nicht mehr begründeten hohen Gewinn ihres Produktes zu garantieren, kauft der Staat ihnen ihr Silber ab. Es geschieht das mit der sicheren Aussicht, daß er dabei den selbst bald und mit Bestimmtheit eintretenden Verlust tragen muß. (Bis 1894 berechnet ihn Hepburn auf 464 260 263 Dollars.) Nun könnte man denken, die Regierung hat vielleicht Verwendung dafür. Keineswegs! Sie speichert vielmehr das gekaufte Metall in der Höhe von vielen Millionen Dollars in Gewölben des Schatzamtes auf und erbaut sogar eigens zn diesem Zwecke neue Gebäude. Treffend charakterisierte einst ein hervorragender Beamter des Bundesschatzamtes dem Korrespondenten der Daily News gegenüber diese Politik mit den Worten: „Da (in den Gewölben) werden die Dollars liegen bleiben ungestört, solange Sie oder ich leben außer im Falle eines Schadenfeuers, einer Wassersnot oder eines Erdbebens. Silber wird niemals mehr als Umlaufsmittel beliebt werden in der Form der Wagenrad-Dollars. Der wärmste Anhänger des Silbers im Kongreß glaubt dies nicht, wenn er die Wahrheit spricht. Alles, was er braucht, ist ein Papierdollar, der durch eine dieser Silberscheiben gedeckt ist. Nun was haben wir getan? Wir haben uns in große Ausgaben gestürzt, um diese Dollars auszuprägen und mit dem Regierungsstempel zu versehen, bloß um sie in jenem Gewölbe einzusperren, zu versiegeln und sie da liegen zu lassen bis zum jüngsten Tag. . . . Merken Sie meine Worte; sie sind so komplett begraben, als wenn sie in das Meer geworfen und die Länge und Breite der Stelle vergessen worden wäre".

Die Folgen einer so das richtige Maß überschreitenden Menge von akzessorischen Geldarten blieben denn auch nicht aus. Sie stauten sich sehr bald in beträchtlichem Maße in den öffentlichen Kassen. Am 1. März 1890 ergaben die Umlaufsmittel der Union in ihrer Zusammensetzung der einzelnen Geldarten etwa folgendes Bild:

Dollars	373 507 203	Goldmünzen,
"	58 850 380	Währungsdollars,
"	53 950 362	Kleine Münze,
"	284 176 262	Silberzertifikate,
"	130 604 804	Dollars Goldscheine,
"	337 087 151	Greenbacks,
"	187 928 229	Nationalbanknoten.

Einen guten Barometer hierfür besitzen wir auch in den Eingängen des New Yorker Zollamtes, eines der bedeutendsten, aus denen der Staat seine Haupteinkünfte zu ziehen pflegt. Im Juni 1890 gingen noch über 90 % der Zölle in Gold ein. Während des gleichen Monats im folgenden Jahre sanken diese Goldeingänge auf 12 %. Im Dezember 1892 bestanden gar nur noch 4,4 % von ihnen aus Gold, 86,4 % aus Greenbacks und Schatznoten und 9,2 % aus Silberzertifikaten.

Die akzessorischen Geldarten kamen also in großer Menge ein. Ging das so fort, so lag die Gefahr außerordentlich nahe, die Union werde auf obstruktionellem Wege wieder zur reinen Silberwährung übergehen und die bisher behauptete Goldwährung aufgeben. Tatsächlich hegte man damals in den Kreisen der

Großfinanz ernstlich diese Befürchtung. Als ein Schritt nach dieser Richtung hin ist es unzweifelhaft zu bezeichnen, daß die Regierung bereits eine bestimmte Art ihrer Zahlungen anfangs gelegentlich, später fast durchweg, in akzessorischen Geldarten leistete. Im Mai 1891 ging nämlich der damalige Schatzsekretär Foster dazu über, neben Schatznoten auch eine Menge Greenbacks zu den Zahlungen an das Clearinghouse zu benutzen. Seit Juli 1892 wurde sodann der Saldo für die Dauer eines Jahres in den meisten Staaten ausschließlich in Greenbacks und Treasury notes beglichen. Von 1894 ab soll überhaupt kein Gold mehr zu Zahlungen an das Clearinghouse seitens des Staates verwendet worden sein.

Am auffallendsten und deutlichsten trat aber diese Überhandnahme der akzessorischen Geldarten resp. die völlige Machtlosigkeit des Staates in dieser Beziehung im Jahre 1893 und dem folgenden Zeitraume hervor. Die Vorgänge dieser Tage sind nicht uninteressant und mögen kurz geschildert werden.

Sofort nach Ausbruch der mit dem Sturze von Baring Brothers beginnenden großen Wirtschaftskrisis von 1893 verbreitete sich, wie immer in solchen Zeiten, ein großes Mißtrauen im Lande. Die Folge war ein Zurückziehen der Bankdepositen in großem Stile. Hand in Hand damit ging ein Ansichhalten des baren Geldes, das man augenblicklich besaß. Für eine große Anzahl von Ausgleichungen, die sich sonst auf dem Wege des Check-Abrechnungs- und Buchübertragungsverkehrs vollzogen hatten, verlangte man auf einmal nur Barzahlung. Was Wunder, daß der dazu jetzt nötige Betrag fehlte. In Europa pflegen in solchen Zeiten die Zentralbanken mit ihren Noten in die Bresche zu springen. Das war infolge des völligen Mangels an Elastizität von den amerikanischen Nationalbanken nicht zu erwarten. Sie versagten ganz, resp. das System, auf das sie aufgebaut waren. Es wird sogar erzählt, daß Noten gar nicht in genügender Menge gedruckt waren. Man vermochte sie den Banken erst zuzustellen, als die Krisis schon vorüber war, sodaß diese die Pakete dem Schatzamte uneröffnet zurücksandten.

Da die Regierung Abhilfe nicht schuf, halfen sich die

Banken selbst, indem sie private Zahlungsmittel kreierten. Für den Großverkehr riefen sie das System der Loan Zertifikate, das sich bereits 1873 vorzüglich bewährt hatte, wieder ins Leben. Dies bestand im wesentlichen darin. Jede zur Clearinghouse Association gehörende Bank deponierte bei einem zu diesem Zwecke ernannten Komitee approbierte Diskonten und andere Sekuritäten. Sie erhielt dann dafür bis zu 75 % ihres Wertes gegen Zahlung von 6—7 % Zinsen Scheine, die in runden, ziemlich hohen Beträgen ausgestellt waren, die sogenannten Clearinghouse Loan Certificate. Diese besaßen zunächst nur den Charakter einfacher Bescheinigungen. Aber, sämtliche Mitglieder des Clearinghouses verpflichteten sich, sie sowohl untereinander als auch im Verkehr mit dem Clearinghouse als Zahlung anzunehmen. Damit erhielten sie für den Umfang der genannten Zahlungsgemeinschaft den Charakter eines privaten Zahlungsmittels.

Indem nun weiter die Banken ihren Klienten die auf sie gezogenen fälligen Checks wegen des auf staatlichem, vor allem barem Gelde ruhenden Agios nicht auszahlten, sondern statt dessen diese Papiere einfach mit dem Stempelaufdruck versahen „good through the clearinghouse", zogen sie auch diese Leute sowie jeden, der solchen Check annahm, mit in den Kreis ihrer Zahlungsgemeinschaft. In einigen Staaten, vor allem in Columbia S. C. gab man auch Zertifikate in Abschnitten bis herab auf 1 Dollar, ja auf 25 cents aus. Dies Verfahren dürfte den Gebrauch dieser Art der Zahlungsmittel sowie seinen Geltungsbereich bedeutend erweitert haben. Ja es scheint geradezu, als ob es sich einer Art valutarischer Stellung, wenn man sich so ausdrücken darf, zeitweise erfreut hat. Nur so vermögen wir uns wenigstens das 2—4½ % hohe Agio zu erklären, das, wie übereinstimmend berichtet wird, alles staatliche Geld, ununterschieden ob Metall- oder Papier, sowie Banknoten damals besaßen. Wo ein Agio vorhanden ist, muß doch etwas da sein, dem gegenüber — an dem gemessen — es zu Tage tritt. Denken wir uns aber das Zertifikatgeld valutarisch, die anderen Geldarten akzessorisch, so können sehr wohl die letzteren dem ersteren gegenüber ein solches behauptet haben.

Ob und inwieweit die Regierung in diesen Kreis privater Zahlungsgemeinschaft eingetreten ist und damit ihm staatlichen, d. h. Geldcharakter, verliehen hat, ließ sich leider nicht feststellen. Wir glauben indes fast sicher, daß dies geschehen ist, wenigtens de facto, wenn auch nicht nach dem Texte der Gesetze. Übrigens mag noch nachgetragen werden, daß die Ausgabe der Zertifikate keineswegs von einer Stelle aus erfolgte. Sie wurden vielmehr außer in New-York, auch in Boston, Philadelphia, Baltimore, Pittsburgh, Buffalo, Detroit und New Orleans emittiert. Vermutlich reichte ihre Zahlkraft wenigstens zunächst nicht über die lokalen Grenzen hinaus. Ob auch die Annahme der in einem dieser Bezirke ausgegebenen Scheine in einem der anderen oder gar allen erfolgt ist, ließ sich aus dem zur Verfügung stehenden Material nicht ergründen. Die Vermutung liegt nahe, daß man es mit einem rein lokalen Zahlungsmittel zu tun hat. Ihre Ausdehnung war recht beträchtlich. Als Höchstbeträge der erfolgten Emission werden angegeben:

für	New York	38 200 000	Dollars,
„	Philadelphia	10 965 000	„
„	Boston	11 445 000	„
„	Baltimore	1 475 000	„
„	Pittsburgh	987 000	„

3. DAS GESETZ VON 1893.

Die soeben geschilderten Vorgänge, die deutlich bewiesen, wohin die laut Gesetz von 1878 und 1890 angeordnete übermäßige Schaffung einer akzessorischen Geldart zu führen drohte, brachten im Verein mit der im Juni 1893 eingestellten Silberfreiprägung in Indien endlich die Aufhebung der Shermanbill zu stande. Nachdem der Schatzsekretär bereits vordem Silber nicht mehr angekauft hatte, wurde bestimmt, daß vom 1. November 1893 an die gesetzlich vorgeschriebenen Ankäufe unterbleiben sollten. Das war doch wenigstens etwas, wenn auch damit nicht so viel erreicht war, als es auf den ersten Blick scheinen möchte. Man muß bedenken, nur der Vermehrung des akzessorischen Geldes ins Ungemessene war damit ein Ende gemacht. Indes auf

Jahre, ja Jahrzehnte hinaus blieb trotzdem die Möglichkeit, solches Geld überhaupt zu schaffen, bestehen. Man besaß ja Massen von Barrensilber, das man kraft der oben genannten Gesetze gekauft hatte. Diese brauchten zu diesem Zwecke nur in Dollars ausgeprägt zu werden. Wirklich wurde vom Jahre 1896 ab ein nicht unbedeutender Teil des Shermansilbers (1896 bis 1900 62 Millionen Dollars) in dieser Weise ausgemünzt. Ja, als dies den „Silberleuten", die wieder einmal mehr Macht erlangt hatten, nicht schnell genug ging, setzten sie am 13. Juni 1898 ein Gesetz durch, demzufolge der Schatzsekretär angewiesen wurde, monatlich den stattlichen Betrag von 1 500 000 Dollars ausprägen zu lassen.

Das einzige, was man tat, um die Menge des akzessorischen Geldes zu verringern, war: Man zog die Schatznoten von 1890 zurück. Aber auch das war nur eine scheinbare Abnahme, da gleichzeitig bestimmt wurde, es solle dem Einzug der Noten entsprechend der gleiche Betrag des ungemünzten im Schatzamte liegenden Silbers in Dollars ausgeprägt werden. Es trat damit an Stelle des notalen Geldes mit papierenen ein solches mit silbernen Platten. Das war der ganze Unterschied. Weshalb tat man das? Warum entäußerte man sich nicht einfach des überflüssigen Silbers und kassierte die Noten? Allem Anscheine nach geschah das lediglich deswegen, weil man den großen damit verbundenen finanziellen Verlust nicht tragen wollte. Er betrug nach Hepburn bereits im Oktober 1894 (American bankers Association) für die Gesamtheit des unter beiden Akten gekauften Silbers Pfd. 464 260 263. Überdies dürfte eine gewisse Scheu, seine Fehler einzugestehen, mitgewirkt haben. Man fürchtete, solche Maßregel vertrüge sich nicht mit dem Ansehen des amerikanischen Staates, nachdem er erst soviel für das weiße Metall getan habe.

4. DIE ARG GEFÄHRDETE GOLDWÄHRUNG WIRD DURCH EXODROMISCHE EINGRIFFE GESCHÜTZT.

Wir sehen also, die 1893 ergriffenen Maßregeln versprachen in Wirklichkeit nur einen verhältnismäßig geringen Erfolg. Und so war es in der Tat. Vor allem vermochten sie den Abfluß des valutarischen Goldgeldes, den die Vermehrung des akzessorischen Geldes nicht zum wenigsten hatte fördern und beschleunigen helfen, nicht im mindesten aufzuhalten. Dieser vollzog sich weiter in großem Maßstabe und machte es daher immer schwieriger die einmal angenommene Goldwährung zu behaupten, d. h. stets, wenn es verlangt wurde, in diesem Metalle zu zahlen. Die Möglichkeit der Goldentziehung boten dem Auslande die für Amerika ungünstigen Wechselkurse jener Zeit. Sie wurden besonders durch zwei Umstände hervorgerufen. Einmal waren die Ernten der Jahre 1892/3 in Amerika beträchtlich geringer ausgefallen als früher. Dazu kam eine verhältnismäßig kleine Nachfrage der fremden Länder für die Agrikulturprodukte der Union. Die Folge war ein verminderter Export. Sodann rief besonders das Shermangesetz in Europa die ernstliche Befürchtung wach, man steure einer reinen Silberwährung entgegen. Dies veranlaßte sehr viel Leute auf dem Festlande, besonders in England, amerikanische Werte, vor allem Eisenbahnpapiere, in großen Beträgen nach dem Ursprungslande abzustoßen. Es waren also merkantile Gründe, welche die Schwankungen des intervalutarischen Kurses hervorriefen.

Der frei verfügbare Goldbestand des Schatzamtes (abzüglich der Goldzertifikate), der beim Amtsantritt von Harrison etwa 196 Millionen betragen hatte, sank am Schlusse seiner Amtsperiode (4. März 1893) auf 103 Millionen Dollars. In den 3 Jahren während des Bestehens der Shermanbill 1890—93 hatte das Schatzamt 155 Millionen Gold, davon 1893 allein 87 durch Export verloren. 1893—96 wurden ihm sodann noch mehr, nämlich insgesamt 483 Millionen Dollars entzogen.

Was tat die Regierung angesichts dieser Ereignisse? Ließ sie alles seinen Gang gehen und sich schließlich dazu drängen, das bis dahin in akzessorischer Stellung befindliche Geld nunmehr valutarisch zu behandeln? Nein, sie fuhr, das muß einmal vor allen Dingen ausgesprochen werden, trotz der überaus prekär gewordenen Verhältnisse fort, in Gold zu zahlen, es auch weiterhin valutarisch zu behandeln. Ja, sie brachte sogar zu diesem Zwecke Opfer von beträchtlicher Größe. Es tritt uns also hier zum ersten Male in der Geschichte der amerikanischen Geldverfassung der Fall entgegen, daß die Vereinigten Staaten eine bestimmte lytrische Politik treiben, um die einmal gewählte Währung festzuhalten.

Als nämlich im Jahre 1894 die Goldreserve, welche ja, wie an anderer Stelle erwähut worden ist, für die Einlösung der Greenbacks in der Mindesthöhe von 100 Millionen Dollars gehalten werden muß, auf 65 Millionen gesunken war, versuchte der Schatzsekretär zunächst, sie vermittelst einer direkten Goldanleihe wieder aufzufüllen. Er verkaufte zu diesem Zwecke 50 Millionen 5% Bonds rückzahlbar in 10 Jahren zu 117,^{223}% in Gold. Die Unterbringung dieser Summe war nicht leicht. Erst am letzten Tage gewann der Schatzsekretär nach vieler Mühe einige New-Yorker Banken schließlich zur Übernahme. Infolgedessen hob sich die Reserve im Februar 1894 auf 106 Millionen. Aber schon im Juli des gleichen Jahres sank sie wieder auf 55, im Oktober auf 61 Millionen Dollars. Im November folgte darauf eine zweite Goldanleihe in der gleichen Form. Auch sie schwand wie Wasser dahin. Im Januar 1895 langte man auf einem Tiefstande von 44 Millionen an. Täglich wurde damals dem Schatzamte Gold, zeitweise 3 Millionen, entnommen.

Also mit diesem exodromischen Mittel der direkten Goldanleihe, das sah man bald ein, war der gewünschte Zweck nicht zu erreichen. Zudem konnte man kaum hoffen, nach dem schwachen Resultate der früheren Anleihen mit einer neuen Emission noch irgend einen Erfolg zu haben.

Was tun? In dieser Not inszenierte die Regierung einen ganz neuen, wenigstens vordem und seitdem unseres Wissens in dieser Form noch nicht dagewesenen exodromischen Eingriff. Wir möchten ihn als 4. Art den 3 von Professor Knapp in seiner staatlichen Theorie beispielsweise angeführten anreihen. Er bestand darin:

Die Regierung der Vereinigten Staaten wandte sich durch Vermittlung amerikanischer Banken an ein englisch-amerikanisches Konsortium. Seine Führung lag in den Händender Firmen

Rothschild, Belmont und Morgan. Dieses Syndikat verpflichtete sich dem zwischen ihm und der Regierung getroffenen Abkommen zufolge dem amerikanischen Staate gegen eine Anleihe von 62 317 000 Dollars zu 4% verzinslich, binnen 30 Jahren in coin rückzahlbar (also = 65 317 000 Dollars), sofort 3 500 000 Unzen Gold (die Hälfte in Europa) zu liefern. Gleichzeitig aber, und das ist u. E. das Wichtigste, allein Erfolg versprechende, erklärte das Konsortium sich bereit, seinen ganzen finanziellen Einfluß dahin aufzubieten, daß das Schatzamt bis zur formellen Erfüllung des Vertrages gegen Goldabflüsse geschützt werde. Der betreffende interessante Passus lautete: „In consideration of the purchase of such coin, the parties of the second part and their associates hereunder assume and will bear all the expense and incoitable loss of bringing gold from Europe hereunder; and as far as lies in their power, will exert all financiel influence and will make all legitimate efforts to protecte the Treasury of the United States against the withdrawals of gold, pending the complete performance of this contract".

Das genannte Bankkonsortium erfüllte dies Versprechen in der Tat durch Transaktionen, welche offenbar geeignet waren, den intervalutarischen Kurs für Amerika entsprechend günstig zu beeinflussen. Vermutlich verkaufte man z. B. amerikanische Wertpapiere an der Londoner Börse, zog dann auf Grund des dadurch entstandenen Guthabens Checks und Wechsel auf diesen Platz. Diese wurden sodann ihrerseits in Amerika zu Kursen verkauft, die es vorteilhafter erscheinen ließen, eben jene Wechsel und Checks anstatt des baren Geldes ins Ausland zu senden. So rief man künstlich ein Angebot und Nachfrage auf dem Devisenmarkte hervor und war bemüht, es stets zugunsten Amerikas zu stellen. Die dabei entstehenden Verluste, die damit verbundenen Opfer, welche diese Art der Aufrechterhaltung eines bestimmt hohen Kurses kosteten, trugen direkt die Banken. Indirekt blieben sie auf den Schultern des Staates haften, da er ja am letzten Ende auf dem Wege der Anleihe und Zinsenzahlung die Banken dafür schadlos halten mußte.

Auf die soeben geschilderte Art gelang es den Vereinigten Staaten damals tatsächlich ihre Goldwährung aufrechtzuerhalten. Aber welche Opfer hat es sie gekostet? Eine Schuldenlast von über 262 Millionen Dollars hatte die Regierung zu diesem Zwecke in dem Zeitraum von wenigen Jahren auf sich geladen. Wie lange wäre wohl das noch möglich gewesen? Vermutlich hätte selbst die Leistungsfähigkeit eines so blühenden und schnell zu Reichtum gelangenden Staates wie Amerika bald ihr Ende erreicht, wenn die bestehenden Verhältnisse von Dauer gewesen wären. Daß man in der Tat nicht weit davon entfernt war, darauf deutet die Hilfsaktion der Banken zur Genüge hin. Diese künstliche Beeinflussung des Wechselkurses war doch höchstens im stande seine kurzdauernden Schwankungen zu beseitigen. Endgültige Besserung konnte nur eine Änderung der pantopolischen Umstände zugunsten Amerikas bringen.

Diese trat denn auch, wenigstens zum größten Teil, gegen Ende der 90er Jahre endlich ein. Nicht nur Getreide und andere Rohprodukte, sondern auch Industrieerzeugnisse, für welche Amerika bis dahin fast nur Importland gewesen war, wurden infolge guter Ernten jetzt exportiert. Auch die Furcht, Amerika könnte wieder zu den Silberwährungsländern übergehen, verlor nach Aufhebung der Shermanbill und der Präsidenten-Wahl von 1896 (Sieg der Goldpartei) mehr und mehr an Kraft. Zum mindesten dürften Abstoßungen von Wertpapieren im großen Maßstabe seitens Europas nicht mehr stattgefunden haben. Die Folge war: Der intervalutarische Kurs Amerikas gegenüber seinen Nachbarländern, vor allem England und Deutschland, erfreute sich steter Sicherung. Ein Goldabfluß fand infolgedessen nicht mehr statt. Ja, der Kurs stellte sich bald so günstig, daß man nicht nur seine Goldreserve intakt halten konnte, sondern darüber hinaus noch eine beträchtliche Menge dieses Metalles an sich zu ziehen vermochte. Damit war die valutarische Behandlung des Goldgeldes ermöglicht und de facto gesichert. De jure wurde es indes erst durch das Gesetz von 1900 in diese Stellung gehoben.

VI. Abschnitt.

DIE AKTE VOM 14. MÄRZ 1900; DIE GESETZLICHE FESTLEGUNG DER VALUTARISCHEN STELLUNG DES GOLDGELDES.

1. DER SCHATZSEKRETÄR WIRD ANGEWIESEN, AUF VERLANGEN STETS IN GOLD ZU ZAHLEN.

Das Gesetz vom 14. März 1900 traf an erster Stelle die Bestimmung, der Golddollar solle „be the standard unit of value". Was darunter zu verstehen sei, ging klar und scharf daraus hervor, daß der Schatzsekretär gleichzeitig angewiesen wurde, sich stets bereit zu halten (wenn es verlangt wurde), in Gold zu zahlen. Das heißt aber doch nichts anderes, als das Goldgeld valutarisch zu behandeln. Man sprach es also sogar im Gesetze direkt aus, daß man gesonnen sei, mit den Experimenten der Jahre 1878 und 1890 endgültig aufzuhören und zur reinen Goldwährung überzugehen. Es war damit die Wahl der Währung nicht mehr wie ehedem unter der Herrschaft des Bimetallismus in die Hände der Regierung oder gar des Schatzsekretärs gelegt. Nein, nur die eine, und zwar die Zahlung in Goldgeld durfte am letzten Ende fortan seitens des Staates aufgedrängt werden. Das war der Unterschied, der nicht genug beachtet werden kann.

Verdeutlicht gewissermaßen wurde diese Anordnung in praxi durch die weitere Bestimmung der Akte, daß die Einlösung der Greenbacks und Schatznoten von jetzt ab ausdrücklich nur in Gold zugelassen wurde. Vordem hatte sie nämlich lediglich in „coin" (Münze) zu geschehen. Dahin gehörten aber, rechtlich wenigstens, auch die Silberdollars, ein notales Kurantgeld, sowie das Scheidegeld.

Um diese Einlösung zu sichern, im Grunde genommen wohl aber um den Schatzsekretär überhaupt in den Stand zu setzen, den ihm auferlegten Verpflichtungen betreffs Goldzahlung nachzukommen, schrieb das Gesetz das Halten einer Goldreserve von mindestens 150 Millionen Dollars vor.

2. ZU DIESEM ZWECKE SOLL EINE GOLDRESERVE GEHALTEN WERDEN.

Im Falle ihres Sinkens auf einen geringen Betrag war der Schatzsekretär befugt und ev. verpflichtet, folgende Transaktionen vorzunehmen, um sie wieder auf die alte Höhe zu bringen:

1. die eingelösten Noten für geprägtes Gold in dem allgemeinen Fonds der Schatzkammer umzutauschen,
2. gegen geprägtes Gold Noten, die im Verkehr beliebter sind, hinzugeben,
3. mit Noten geprägtes Gold zu kaufen.

Und sollten alle diese Mittel versagen,

4. Staatspapiere mit einem Zinssatze von nicht mehr als 3% zu emittieren.

Wir haben damit einfach eine Aufzählung mehrerer kleiner exodromischer Eingriffe vor uns, mit deren Hilfe man künstlich etwaigen Gefahren, denen die amerikanische neue Goldwährung eventuell ausgesetzt sein würde, zu begegnen hoffte. Von dem unschuldigsten Mittel, indem man zeitweilig das in der Staatskasse befindliche Gold in die Goldreserve zu ihrer Verstärkung überführt resp. umtauscht, wird begonnen. Es folgt der Versuch, Gold gegen Hingabe von Noten aus dem freien Verkehr zu ziehen (eine Absicht, die man in Deutschland mit Emission der kleinen Banknoten (1907) und 10 Mk. Kassenscheinen zu erreichen hofft), sowie mit Noten geprägtes Gold zu kaufen. Den Beschluß bildet die direkte Goldanleihe, die nur für den äußersten Notfall Anwendung finden soll, denn sie erfordert direkte Opfer im Gegensatz zu den anderen genannten. Wer wollte hier noch eine zielbewußte lytrische Politik leugnen?!

3. DER SILBERDOLLAR BEHÄLT SEINEN LEGAL TENDER-CHARAKTER.

Um so auffallender erscheint es demgegenüber, daß man sich auch in diesem neuesten Gesetze noch immer nicht dazu entschließen konnte, endlich einmal mit der Vermehrung des akzessorischen Geldes aufzuräumen, in dieser Beziehung reinen Tisch zu machen. Man beließ auch jetzt den Silberdollars ihren legal tender-Charakter. Die diesbezügliche Stelle der Akte lautete nämlich: „that nothing contained in this act shall be construed to affect the legal tender quality as now provided by law of the silver dollar". Sie blieben demnach weiterhin ein notales Kurantgeld zu definitivem Gebrauche.

4. DIE AUSPRÄGUNG FINDET WEITER STATT.

Ihre Ausprägung, so bestimmte das Gesetz ferner, solle ruhig weiter erfolgen. Sektion 5 besagte darüber: „that it shall be the duty of the Secretary of the Treasurer, as fast as standard silver dollars are coined under the provisions of the acts of July 14. 1890 and June 13. 1898 from bullion purschased under the act of July 14. 1890, to retire and canced equal amount of Treasury notes whenever received into the Treasury, either by exchange in accordance with the provisions of this act or in the ordinary course of business, and upon the cancellation of Treasury notes silver certificates shall be issued against the silver dollars so coined". Das einzige also, was hierdurch erreicht wurde, war die allmähliche Beseitigung der Schatznoten von 1890, welche zur Bezahlung der Silberankäufe gedient hatten. Sie sollten, so ordnete ja das Gesetz an, auf welchem Wege sie auch immer eingehen mochten, einbehalten werden. Eine Verminderung der Gesamtmenge des akzessorischen Geldes trat aber damit auch nicht ein, da an ihrer Stelle Silberdollars oder Silberzertifikate treten mußten.

Damit war natürlich nichts gewonnen, weil ja an die Stelle der einen notalen Geldart lediglich eine andere trat, die sich ebenfalls in akzessorischer Stellung befand.

5. DIE MAXIMALGRENZE FÜR SILBERNES SCHEIDEGELD WIRD AUF 100 MILLIONEN DOLLARS FESTGESETZT.

Der obigen Behauptung, daß das vorhandene Barrensilber auch noch weiterhin zur Ausprägung in Dollars und damit zur Vermehrung des akzessorischen Geldes zu dienen bestimmt sei, widerspricht scheinbar eine andere Bestimmung des gleichen Gesetzes. Danach wurde nämlich verfügt, der Schatzsekretär solle je nach Bedarf und nach seinem eigenen Ermessen das unter der Bland- und Shermanbill angekaufte Silber zur Ausmünzung von subsidiary silver coin und Silberdollars verwenden. Also, wird etwa mancher sagen: Vielleicht konnte der größte Teil jenes Silbers ganz regulär und nutzbringend zu dem nötigen Scheidegeld Verwendung finden. Indes übersieht man da den Umstand, daß die Maximalgrenze für diese Geldart durch eben diese Akte auf 100 Millionen Dollars festgesetzt wurde. Zur Zeit (1900) waren nun bereits ca. 80 Millionen Scheidegeld vorhanden. Es konnten mithin von den damals noch im Schatzamte vorhandenen 85 550 000 Unzen Barrensilber nur ca. 14 Millionen Unzen = 20 Millionen Dollars in Scheidemünze ausgeprägt werden, ein verhältnismäßig recht kleiner Teil. Die ganze noch übrig bleibende Menge, 73 Millionen Unzen = ca. 100 Millionen Dollars, war somit für die Ausmünzung in Dollarstücke vorbehalten. Welche Belastung stand damit dem Verkehr in Zukunft bevor! Glaubte man wirklich solche Massen der großen Dollarstücke in natura unterbringen zu können? Nach den in früheren Jahren gemachten Erfahrungen war das so gut wie ausgeschlossen. Aber, vielleicht würde es eher gehen, wenn die Form der Silberzertifikate gewählt wurde. Freilich mußten diese dann in möglichst kleinen Abschnitten emittiert werden. In diesem Sinne bestimmte man, daß von diesen Scheinen für die Folgezeit 90% auf Abschnitte von 1—10 Dollars lauten sollten. Nur die restlichen 10% der Gesamtausgabe durften in Stücken von 20, 50 und 100 Dollars bestehen, „at the discretion“ des Schatzsekretärs. Um die ersteren leichter unterzubringen, ordnete schließlich das Gesetz noch die Einziehung der Greenbacks unter 10 Dollars an.

6. DIE GOLDZERTIFIKATE WERDEN WIEDER EINGEFÜHRT.

Schließlich wurden auch die Goldzertifikate, deren Ausgabe seitens der Regierung seit 1882 eingestellt gewesen war, wieder eingeführt. Die Form sowie die Modalitäten waren vollkommen die alten. Indes sah die Akte vom 4. März 1900 eine Beschränkung bezüglich ihrer Emission vor. Diese sollte nämlich suspendiert werden, sobald die Goldreserve für Greenbacks unter 100 Millionen gefallen war. Dabei war offenbar der Gedanke maßgebend, es könnten etwa in Krisenzeiten viele Leute mit Hilfe der Greenbacks Gold aus dem Schatzamte ziehen, lediglich um es sodann gegen Goldzertifikate bei der Regierung zu deponieren. Auf diese Weise würde ganz unnötigerweise mehr Papiergeld zur Einlösung präsentiert werden und damit zur Schmälerung der Goldreserve beitragen, als in Wirklichkeit der Bedarf erforderte. Auch diese neuen Goldzertifikate wurden ausdrücklich als rechtsgültige Zahlung für „customs taxes and all public dues" erklärt. Sie waren damit staatliches Geld, besaßen nur provisorischen Charakter und genossen im privaten Verkehr auf rein fakultativem Wege Annahme.

Wir sind hiermit bei der Gegenwart angelangt. Die soeben besprochene Akte vom 14. März 1900 ist das letzte wichtige Gesetz, das die Geldverfassung der Vereinigten Staaten von Amerika wesentlich tangiert. Haben wir damit unsere Aufgabe, einen Überblick von dem Geldwesen der Union im 19. Jahrhundert vom Staate aus zu geben, zu Ende geführt? Wer die staatliche Theorie kennt und ihren Standpunkt teilt, muß diese Frage mit einem Nein beantworten. Denn ihr zufolge gehört auch die Banknote, soweit sie staatliche Akzeptation genießt, voll und ganz in den Kreis staatlichen Geldes. Dies aber ist in Amerika vielfach der Fall. Also muß auch sie, resp. ihre Stellung in der amerikanischen Geldverfassung, etwas ausführlicher dargestellt werden. Erst dann erhalten wir ein vollständiges getreues Bild von ihr. Das soll in dem folgenden, vorletzten Abschnitte in Kürze geschehen.

VII. Abschnitt.

DIE BANKNOTE IN DER AMERIKANISCHEN GELDVERFASSUNG.

Die amerikanische Banknote hat im Laufe der Zeit die mannigfachsten Wandlungen durchgemacht. Ihre heutige Gestalt und Stellung ist das Produkt einer langen Entwicklung. Zeiten, in denen sie fast das staatliche Geld κατ' ἐξοχήν darstellte, wechselten mit Perioden ab, da ein direktes gesetzliches Verbot sie von den Kassen der Regierung ausschloß. Einstmals, während des Bestehens der I. und II. Vereinigten Staaten-Bank, übte sie einen alles beherrschenden Einfluß aus. Heute kommt ihr nur noch eine im Verhältnis zu den anderen Umlaufsmitteln mäßige Bedeutung zu. Ja, man kann sogar weiter gehen und sagen: Sie unterscheidet sich wenig von den verschiedenen Sorten des in Amerika kursierenden staatlichen Papiergeldes. Gleich ihnen bildet sie einen nahezu festen Bestandteil der Umlaufsmittel der Union, und die durchschnittliche Dauer, während der das einzelne Stück in der Regel im Verkehr festgehalten wird, übersteigt sogar die aller anderen Arten papierener Zahlungsmittel beträchtlich (sie beträgt nahezu 4 Jahre).

In der Entwicklungsgeschichte der Notenbanken der Vereinigten Staaten lassen sich im wesentlichen 6 Perioden unterscheiden. Die erste umfaßt die Zeit vor 1790 resp. 91. Man kann sie kurz als die der Kolonialbanken bezeichnen. Die Ausgabe und Annahme der Banknoten hielt sich im allgemeinen eng in den Grenzen der einzelnen Provinz resp. des Staates. Sie stellten demnach eine Art Provinzial- oder Landesgeld dar. Nur von wenigen bedeutenden, z. B. der Bank of North America, wird berichtet, daß ihre Noten laut Gesetz bei Steuern und Abgaben in jedem Staate Geltung haben sollten. Sie besaßen demnach schon einen größeren Zahlungskreis.

Eine Änderung hierin trat durch die errungene Selbständigkeit Amerikas nicht ein. Die Verfassung von 1787 enthielt nichts darüber. Sie übertrug zwar die Kompetenz im Geldwesen dem Kongreß der föderierten Staaten, aber dazu gehörte ja nach den Begriffen damaliger Zeit die Banknote nicht. Erst der nun folgende Zeitraum von 1791-1811 brachte in den Noten der ersten Vereinigten Staaten-Bank ein in der ganzen Union giltiges, weil von allen öffentlichen Kassen laut Gesetz anzunehmendes, staatliches Geld.

Leider fand beim Erlöschen der Charter infolge Anfechtung ihrer Gesetzmäßigkeit und anderer Anfeindungen eine Erneuerung nicht statt, sodaß 1811—16 der alte Zustand wieder eintrat. Die Noten der Staaten-Banken, die zumeist während des Krieges mit England ihre Einlösbarkeit verloren hatten, galten in dem Staat der ausgebenden Bank, aber nicht darüber hinaus. Dies führte zu teilweise ganz unhaltbaren Zuständen. Kam es doch vor, daß der Gesamt-Staat, da er die Noten in den einzelnen Staaten an seinen Kassen annahm, in dem einen Staate große Summen zu gut hatte, in einem anderen dagegen schuldete, ohne einen Ausgleich schaffen zu können.

Vor allem dieser Übelstand sowie die Hoffnung, das Bargeld mit ihrer Hilfe leichter wieder in valutarische Stellung zu heben, verhalf der II. Vereinigten Staaten-Bank zum Leben. Während ihres Bestehens, von 1816—36, erfreute sich Amerika eines gesunden, über alle Teile der Union ausgedehnten Notenumlaufes. Ihre Scheine mußten an allen öffentlichen Kassen und desgleichen im Privatverkehr genommen werden. Sie hatten damit die Eigenschaft von Kurantgeld.

Mit ihrem Falle, der vor allen Dingen ein Werk des Präsidenten Jakson war, begannen die einzelnen Staaten verschiedene Systeme auszubilden und mannigfache von einander abweichende Gesetze für Notenbanken zu geben. Die bekanntesten und wichtigsten von ihnen sind das Freebank-, Suffolk- und Safetyfund-System. Einheitlichkeit wurde hierbei nur insoweit erreicht, als die einzelnen Staaten vielfach sich einem bestimmten Systeme anschlossen. Im allgemeinen indes lag der Geltungsbereich der Noten dieser Banken im Rahmen des jedesmaligen Staatsgebietes.

Das dauerte bis 1863, wo sich aus diesen verschiedenen Systemen allmählich das bis auf den heutigen Tag und zwar im Bereiche der ganzen Union geltende Nationalbanksystem bildete. Zufolge der Nationalbankakte aus dem genannten Jahre und seiner später erfolgten Revision haben die Noten jeder dieser neu gegründeten oder durch Umwandlung aus alten Staaten-Banken entstandenen Nationalbanken gesetzliche Geltung und Annahmezwang in ganz Amerika. Ausgenommen sind nur Zollzahlungen einerseits und Schuldzinszahlung des Staates andrerseits. In dieser Beziehung, d. h. nach der epizentrischen und apozentrischen Seite hin, ist ihr Zahlungskreis also beschränkt. Die Hauptsache war und ist aber erreicht. Die Masse der von mehreren tausend (5—6000) kleinen Banken in den verschiedensten Staaten von Amerika ausgegebenen Noten besitzt in einheitlicher Weise den Charakter staatlichen Geldes.

1. DIE KOLONIALBANKEN. 1714—1791.

Der erste Versuch, eine Notenbank in den Vereinigten Staaten von Amerika zu errichten, wurde bereits im Jahre 1714 in Massachusetts unternommen. Das geplante Institut wurde bezeichnet als: „A projection for erecting a Bank of Credit in Boston, New England founded on Land Security.“ Sein Kapital sollte 300000 £ betragen. Daß es als Notenbank gedacht war, geht aus einer Stelle der Statuten hervor, in der es heißt, die gemachten Einzahlungen, welche in Form von Grundstücken (!) erfolgen konnten, sollen „to be and remain as a fund or security for such bills as shall be emited therefrom“. D. h. auf Grund der in das Eigentum der Bank übergegangenen Grundstücke sollen Noten ausgegeben werden. Die Geschäfte der Bank waren dahin beschränkt, daß „schätzbare Güter“ (ratable estates) bis zum Gesamtwert von höchstens $^2/_3$ beliehen werden durften. Bei Holzhäusern sollte nicht der Wert des umliegenden Landes überschritten werden; für Steinhäuser war die 1½fache Taxation des umliegenden Bodens anzunehmen. Eisen und sonstige unverderbliche Waren durften nur zur Hälfte oder ⅔ ihres Marktwertes als Pfand dienen.

Was uns aber bei dieser ersten Bankgründung besonders interessiert und weshalb sie uns der Erwähnung wert erschien, ist die Art und Weise, in der man den Noten der neuen Bank einen bestimmten Zahlungskreis zu sichern trachtete. In dieser Hinsicht wurde nämlich bestimmt: „Each subscriber was pledged to give the same credit to the bills as to those of the province, and accept them in all payments (specialities excepted) upon forfeiture of £ 50 for each refusal until the refuser has forfeited his whole security and profits." D. h. jeder Aktionär mußte sich verpflichten, die Noten in gleicher Weise wie die province bills bei allen Zahlungen anzunehmen. Im Weigerungsfall wurde er mit 50 £ bestraft. Die Aktionäre bildeten also eine auf einem gewissen Zwange ruhende private Zahlgemeinschaft. Dem gleichen Zwecke diente offenbar die Vorschrift, jeder Aktionär solle für 2 Jahre Noten der Bank im Betrage von wenigstens ¼ seiner Einzahlung „take out and keep out". Eine Erweiterung dieses Zahlungskreises der Noten ward für später vorgesehen. Sie sollten nämlich gemacht werden „receivable for town taxes and assessments". Damit wären sie zum mindesten eine Art Stadtgeld geworden.

Die Form, welche für diese Scheine vorgesehen war, das mag noch erwähnt werden, war die denkbar einfachste. Der Text der Noten drückte kein Versprechen zu zahlen aus, etwa in einem bestimmten Metall, sondern sprach lediglich die Verpflichtung der Aktionäre aus, „to accept the same in lieu (of twenty shillings) in all payments" einerseits und andrerseits die der Bank, sie für die Einlösung jedes Pfandes oder Hypothek als endgültige Zahlung anzunehmen. Die an die Bank gerichteten (epizentrischen) Zahlungen wurden also ausdrücklich erwähnt.

Die schwache Seite dieses Bankprojektes war vor allen Dingen die schwere Realisierbarkeit der Pfänder in Zeiten der

Gefahr und Not, weil sie in Grund und Boden bestanden. Darum erhielt die Bank auch, obwohl sie sehr populär war, damals nicht die Genehmigung des General court.

Erst 1741 wurde die bekannte „Landbank", die auf ähnlichen Grundsätzen basiert war, konzessioniert. Sie gab eigene Noten aus. Sie wurde arg bekämpft und rief schließlich eine wahre Bankmanie in fast allen Teilen des Landes hervor. Die Annahme der von diesen Instituten ausgegebenen Scheine war lediglich auf den Kreis ihrer Klientele beschränkt, sie besaßen mithin den Charakter reiner Lokalbanken. Für die Einlösung war so gut wie keine Sorge getragen. Oder konnte man noch von einer solchen sprechen, wenn sich diese Banken teilweise verpflichteten, ihre Noten in 20 Jahren einzulösen und auch dann nur in Waren zu einem willkürlichen und unbekannten Werte? Als die Zustände zu ungeordnet sich gestalteten, man vielfach seine Noten zur Hälfte des Nominalwertes emittierte, nur um die Leute zur Annahme an Zahlungs Statt zu bewegen, sie „in Zirkulation zu setzen", mit einem Worte der Südseeschwindel in Amerika Nachahmung zu finden drohte, erließ England strenge Verbote und Strafen gegen dieses Unwesen. Es fanden gründliche Untersuchungen statt und diesen folgte zumeist die Liquidation, welche sich häufig viele Jahre, ja zuweilen Jahrzehnte hinzog.

Die nächsten Bankgründungen datieren aus den 80er Jahren des 18. Jahrhunderts. Damals entstanden die drei Notenbanken in Amerika, welche unseren modernen Begriffen eines solchen Institutes einigermaßen entsprechen. Es waren die auf Veranlassung des damaligen Finanzministers Morris am 26. Mai 1781 resp. 82 gegründete Bank of North America, 1784 die Bank of Massachusetts und 1784 Bank of New-York.

Die Bank von North America ward 1782 in Philadelphia mit einem Kapital von 400000 Dollars eröffnet. Die Regierung beteiligte sich mit 330000 Doll. Infolge eines Darlehns, welches Morris aus Frankreich in „specie" zu erhalten vermochte, war sie im Stande, der Regierung große Vorschüsse für den Ankauf von Kriegsmaterial zu machen. Sie war als

Nationalbank gedacht. Ihre Noten sollten bei Zahlung von Steuern und Abgaben in jedem Staate Geltung haben. Sie erhielten damit den Charakter staatlichen Geldes. Anfangs war die emittierte Notenmenge nicht beträchtlich. Ihre Ausgabe und die Ausdehnung ihres Umlaufes nahm indes bedeutend zu, nachdem durch die Verfassung den einzelnen Staaten die Ausgabe von Papiergeld untersagt und Gold und Silber allein zum gesetzlichen Zwangsmittel erklärt worden war. Denn nun umging man am leichtesten und einfachsten dieses unbequeme Verbot durch vermehrte Ausgabe von staatlichen Banknoten.

Am 7. Februar 1784 folgte die Errichtung der Bank of Massachusetts. Sie war zunächst bezüglich ihrer Geschäfte keinerlei Schranken unterworfen. Nur hatte die Legislatur das Recht, jederzeit eine Prüfung vorzunehmen. Die Notenmenge war ebenfalls unbegrenzt. Erst das Jahr 1792 brachte einengende Bestimmungen. Sie lauteten: 1. Die Bank darf keine Noten unter 5 Dollars ausgeben. 2. Die ausstehenden Noten und Darlehen dürfen den doppelten Gesamtbetrag des „in Gold und Silber wirklich in der Bank deponierten“ Kapitals nicht übersteigen. 3. Im Falle der Verletzung dieser Vorschriften sind die Direktoren persönlich haftbar für die Schulden der Bank. 4. Der Status der Bank ist dem Gouverneur und dem Council alle 6 Monate aufzugeben. Die Form dieser Berichte ist nicht vorgeschrieben. 5. Der Bank ist der Handel in Waren und Aktien irgend einer Bank verboten. Die Noten der Bank fanden im Privatverkehr Annahme. Ob auch eine solche staatlicherseits stattgefunden hat, und in welchem Maße, konnten wir leider nicht feststellen. Wir glauben indes, daß dies zum mindesten für das Gebiet von Massachusetts zutrifft. Es ist doch kaum anzunehmen, daß der Staat die Noten der Bank, welcher er durch eine Charter ausdrücklich das Recht Noten auszugeben verliehen hatte, nicht akzeptiert hat.

Anstatt des vom Schatzsekretär Levingston im März 1784 unterstützten Landbankprojektes, demgemäß $^1/_3$ der Deckung in bar und $^2/_3$ in Landsicherheiten bestehen sollten, schlug Hamilton eine „money bank“ vor. Das war die Bank of New York.

Sie begann ihr Geschäft laut Charter vom 9. Juni 1784. Der von ihr selbst gezogene Kreis der zu pflegenden Geschäfte war sehr eng. Es wurden nur Papiere von höchstens 30 Tagen Laufzeit diskontiert. Aktionären der Bank wurden Wechsel überhaupt nicht abgenommen. Überziehungen in irgend welcher Form waren nicht gestattet. Diese strengen Vorschriften machten die Bank bei den kleinen Leuten unpopulär. Aber aus dem gleichen Grunde (d. h. wegen der dadurch gebotenen größeren Sicherheit) strömten ihr Depositen in Menge zu. Das Geschäft war glänzend. Ihre Stellung wurde so machtvoll, daß sie es sogar wagen konnte, die gerade damals von Staats wegen ausgegebenen „Post revolutionary bills of credit“ als Bardepositen zurückzuweisen. Sie stellte ihren Kunden vielmehr anheim, sie als „special deposits“ einzuliefern. Infolgedessen sahen sich ihre Klienten genötigt, sich jeder 2 verschiedene Konten, für jede Geldsorte eins, anlegen zu lassen. Ja, das ging sogar soweit, daß an einem Tage der Woche in „paper“, also wohl dem von der Bank ausgegebenen Zahlungsmittel, ihren Noten, an einem anderen in „specie“, dem staatlichen Papiergelde, diskontiert wurde. Eine ganz merkwürdige Erscheinung! Die Bank bildete offenbar, das scheint uns der Sinn dieser Einrichtung zu sein, den Mittelpunkt zweier ganz verschiedener in sich geschlossener Zahlungskreise. In dem einen galten nur die Scheine der Bank, in dem anderen nur die des Staates als giltiges Zahlungsmittel.

1789 betrug das Kapital der Bank 318250 Dollars. Die ausstehenden Noten erreichten die Höhe von 181254 Dollars. Sie waren zum Teil Banknoten, zum Teil Postnoten. Die letzteren sind eine damals sehr beliebte Form von Banknoten, welche eine gewisse Zeit nach einem künftig fixierten Datum einlösbar sind. 1791 wurde der Legislatur eine neue Charter eingereicht. Sie erhöhte das Kapital auf 900000 Dollars und brachte mehrere Beschränkungen. So z. B. durften in Zukunft die Schulden der Bank den dreifachen Betrag des eingezahlten Kapitals nicht überschreiten. Grundbesitz sollte sie, soweit er nicht zu Geschäftszwecken unbedingt erforderlich war, nicht besitzen. Sodann war ihr der Handel in Waren und Wertpapieren untersagt.

Die Noten der Bank scheinen zum mindesten im Gebiete des Staates New York einen ausgedehnten Zahlungskreis besessen zu haben. Vermutlich wurden sie an den staatlichen Kassen, wenn auch nur auf regiminalem Wege, angenommen. Von einer gesetzlichen Verpflichtung ist uns nichts bekannt.

2. DIE ERSTE VEREINIGTE STAATEN-BANK. 1791—1811.

Dadurch, daß soeben die drei genannten Banken so ausführlich behandelt wurden, könnte leicht der Anschein erweckt werden, als hätten nur diese allein bestanden. Sie hätten gewissermaßen eine monopole Stellung eingenommen. Dies ist nicht der Fall. Neben den besprochenen, allerdings wohl wichtigsten und bedeutendsten, tritt vielmehr nach und nach, teilweise auch schon gleichzeitig, eine ganze Anzahl kleiner Banken ins Leben. Sie gaben ebenfalls Noten aus. Ihre Statuten und Gepflogenheiten dürften indes kaum wesentliche Abweichungen von denen jener größeren Institute aufgewiesen haben. Ihre Zahlungskraft war gewiß auf einen nur engen Kreis beschränkt. Ihre Zahl nahm besonders zu, nachdem die Verfassung die Ausgabe von staatlichem Papiergeld verboten hatte. Wie es nun meist in solchen Fällen zu gehen pflegt, wo eine solche völlige Unabhängigkeit und Freiheit in der Ausgabe von Noten besteht, so geschah es auch damals. Man hielt durchaus nicht Maß. Das Noten-Papiergeld nahm bald derart überhand, daß es die durch die Verfassung proklamierte Hartgeldverfassung zu gefährden drohte. Der Staat verlor vollkommen oder besaß nicht irgendwelche Macht über diesen Teil des akzessorischen Geldes. Der Kongreß beschloß daher besonders auf Hamiltons Anregung im Jahre 1791 die Gründung eines Zentralnoteninstitutes, der „I. Vereinigten Staaten-Bank“. Wenigstens ist das unseres Erachtens der tiefere Grund, dem sie ihre Entstehung verdankt. Gewiß haben noch andere Motive mitgeholfen. Das Bedürfnis des Staates, seine Schulden zu tilgen und die Beihilfe der Bank dabei, ist nicht gering anzuschlagen. Sie gewährte sicherlich eine wesentliche Erleichterung. In gleicher Weise war sie geeignet, je mächtiger sie sich entwickelte, über die Ordnung und Regelung des inneren Verkehrs hinaus, auch mit dem Auslande Verbindungen anzuknüpfen. Diese aber waren besonders wertvoll für den Fall, daß man dort einen Kredit suchen und in Anspruch nehmen mußte, auf den man im Inland nicht mehr rechnen konnte. Auch ließ sich irgend welche Exodromie, das mag vielleicht Hamilton schon dunkel empfunden haben, am leichtesten und wirksamsten mit ihrer Hilfe durchsetzen.

Das Kapital der Bank sollte 10 Millionen Dollars betragen. Es war eingeteilt in 25000 Aktien à 400 Dollars. Davon wurden 8 Millionen zur öffentlichen Subskription aufgelegt. Die Einzahlungen hatten zu $^1/_4$ in bar, (Gold und Silber), zu $^3/_4$ in 6 % Regierungsobligationen zu erfolgen. Die restlichen 2 Millionen des Kapitals übernahm der Staat. Er verpflichtete sich, diese Summe in Raten in 10 Jahren mit 6 % Zinsen zu zahlen. Es war somit der Typus einer auf privatem Kapital fundierten Bank mit Staatsbeteiligung geschaffen. Das gesamte bare Betriebskapital betrug nur 2 Millionen Dollars.

Die Geschäfte der Bank waren nicht unbeschränkt. Vielmehr durfte sie nur solche betreiben, wie sie etwa auch heute bei uns einer Notenbank vorgeschrieben sind. Es war ihr erlaubt: Annahme von Depositen, Diskontieren von Wechseln, Gewährung von Vorschüssen auch auf Hypotheken und das Gold- und Silberbarrengeschäft. Ein ausdrückliches Verbot dagegen war ausgesprochen betreffs eigenen Grundbesitzes, soweit solcher nicht unbedingt zum Betriebe gehörte, und bezüglich jeder Art von Handelsgeschäften. Dem Schatzsekretär stand sodann das Recht der Revision zu. Des weiteren sollten die Schulden der Bank nicht größer sein als ihr Kapital. Die Depositen wurden in dieser Hinsicht nicht als Verbindlichkeiten betrachtet. Für die Überschreitung dieser Summe wurden die Direktoren haftbar gemacht. Damit ward also die Notenmenge der Bank im wesentlichen auf den Betrag des gesamten Aktienkapitals fixiert. In Wirklichkeit erreichte sie nie die Hälfte desselben.

Die Noten der Bank sollten für alle an den Staat gerichteten Zahlungen (government dues) Annahmezwang genießen. (as long as said notes were payable in gold and silver coin). Sie traten somit in den Kreis staatlichen Geldes ein. Die Akzeptation im anepizentrischen Verkehre dagegen wurde offenbar dem freien Belieben jedes Einzelnen überlassen. Sie mußten in Gold und in Silber eingelöst werden und bildeten ein vorzügliches Umlaufsmittel in der ganzen Union.

Zudem leistete die Bank der Regierung große Dienste, indem sie die gesamte Kassenführung übernahm, die Staatsgelder kostenfrei verwaltete und sie von Ort zu Ort transportierte.

3. DIE ERSTEN STAATEN-BANKEN. 1811—1816.

Schon bei der Gründung der Bank war ihre Verfassungsmäßigkeit stark angezweifelt worden. Damals aber trug die zielbewußte Vertretung, welche ihre Interessen in der Person des bedeutenden Staatsmannes Hamilton fand, sowie die Dringlichkeit des Bedürfnisses, ein starkes Finanzinstitut für den neuen Staatenbund zu besitzen, den Sieg davon. Kaum aber waren diese Motive etwas in den Hintergrund getreten, so regte sich der alte Streit wieder. Und diesmal gelang es den Gegnern der Bank, sie trotz der warmen Befürwortung des damaligen Schatzsekretärs Gallatin zu Fall zu bringen. Das Privileg wurde nicht erneuert, ja man ließ der Bank nicht einmal Zeit, ihre Geschäfte allmählich abzuwickeln, sondern forderte sofortige Liquidation.

An ihrer Stelle war die Ausgabe von Banknoten etc. nunmehr den zahlreichen kleinen Banken, wie sie in den einzelnen Staaten, ca. 88 an der Zahl, bestanden, überlassen. Die Bestimmungen, unter denen sie ihre Noten emittieren durften, waren sehr verschieden. Vielfach genossen sie in dieser Beziehung vollständige Freiheit. Der Gebrauch, den sie davon machten, war nicht der beste. Die Notenausgabe wurde mit einer Leichtfertigkeit ohnegleichen betrieben. Zuweilen emittierte man Noten fast ohne jede Deckung. Bis auf Abschnitte von 6 cents wurde herabgegangen, in der Hoffnung, solche würden so gut wie nie zur Einlösung präsentiert werden, sondern sich im Umlaufe halten. Ein anderes Mittel, das den gleichen Zweck verfolgte, bestand darin, die emittierenden Bankgebäude an möglichst entlegenen Plätzen zu errichten. Auch hierdurch wurde der Umtausch ja wesentlich erschwert, zum Teil fast unmöglich gemacht. Das Übel erreichte seinen Höhepunkt, als 1812 der Krieg mit England ausbrach, und die meisten Banken mit Ausnahme derer von New York sehr bald ihre Barzahlungen einstellten. Die Noten vermochten nur noch mit einem Disagio von 15—30% zu kursieren.

Welche Noten waren nun in jener Zeit (von 1811—1816) staatliches Geld? Und welche besaßen lediglich den Charakter von Kassenscheinen der ausgebenden Bank und damit einen weit beschränkteren Zahlungskreis? Um in dieser Beziehung eine scharfe Trennung vorzunehmen, resp. eine präzise Antwort auf diese Frage zu geben, fehlt uns leider das erforderliche Material, nämlich die diesbezüglichen Anordnungen oder auch die bloße Praxis der betreffenden Kassen. Es scheint so, als ließe sich diese Frage überhaupt nur dahin beantworten: „Seit dem Aufhören der I. Vereinigten Staaten-Bank war es in das Belieben des Schatzsekretärs und selbst untergeordneter Finanzbeamten gelegt, die Noten welcher Banken sie an Zahlungs-Statt annehmen wollten". Von welchen Motiven sich jene leiten ließen, oder ob da völlige Willkür herrschte, läßt sich nicht mehr feststellen.

Über die Grenzen des einzelnen Staates hinaus hat sich wohl der Zahlungskreis der Noten nicht erstreckt. Das scheint wenigstens aus der Notiz bei Henry Adams „History of the United States" hervorzugehen. Sie besagt nämlich: „Die Regierung mochte Steuern erheben bis zu dem Gesamtbetrage des zirkulierenden Umlaufsmittels und hatte doch nur ihre eigenen Noten, welche zur Schuldenzahlung verwendbar waren.

4. DIE II. VEREINIGTE STAATEN-BANK. 1816—36.

Die dadurch geschaffenen mißlichen Zustände im Geldwesen und die Hoffnung, es werde mit Hilfe einer großen Zentralbank leichter gelingen, das Hartgeld wieder in valutarische Stellung zu bringen, führten im Jahre 1816 zur Gründung der II. Vereinigten Staaten-Bank. Das Kapital betrug 35 Millionen

Dollars. Mit $^1/_5$ daran = 7 Millionen beteiligte sich die Regierung. Von dem Rest sollten $^1/_4$ in bar und $^3/_4$ entweder in bar oder Regierungssicherheiten hinterlegt werden.

Der Geschäftskreis sowie die Statuten wurden fast wörtlich denen der I. Vereinigten Staaten-Bank nachgebildet. Nur einige Sektionen betreffs Deponierung von Staatsdepositen wurden neu hinzugefügt. Auch trat die Bestimmung hinzu, die Bank habe bei Nichteinlösung ihrer Noten 12% Verzugszinsen zu zahlen.

Die Bank beherrschte mittels ihrer 25 Filialen ein weites Gebiet. Ihre Noten waren ebenso wie die der ersten Vereinigten Staaten-Bank von allen öffentlichen Kassen anzunehmen. Also auch sie erhielten dadurch den Charakter staatlichen Geldes. Zwar hörten die Staaten-Banken nicht auf, weiterhin Noten auszugeben. Aber diese waren doch fortan nur insoweit allgemein zu Zahlungen verwendbar, als sie die Vereinigte Staaten-Bank an ihren Kassen annahm. Sie war ja doch Kassenführerin des Staates und konnte somit bestimmen, die Noten welcher Bank sie annehmen oder zurückweisen wollte. Doch gilt dies nicht unbeschränkt. Besonders in späteren Jahren ihres Bestehens, seit der Zeit des sogenannten Bankkrieges, der vom Präsidenten Jackson gegen sie geführt wurde, traf die Regierung selbst einschneidende Bestimmungen in dieser Hinsicht. So untersagte der Kongreß, nachdem bereits mehrere der Einzelstaaten ihren Banken die Ausgabe kleiner Noten von 1 Dollar verboten hatten, die Annahme oder Ausgabe von solchen kleinen Abschnitten für Staatsrechnung. Ein späteres Gesetz bestimmt, daß an den Kassen der Regierung Noten von solchen Banken, die kleine Zettel zu 1 Dollar, später sogar zu 5 Dollars ausgeben, überhaupt nicht genommen werden sollten. Zugleich wurden Noten von 10 Dollars zurückgewiesen, und, laut Gesetz vom 3. Mai 1837, durften nur noch Noten von 20 Dollars und darüber zugelassen werden. Schließlich wurden für eine besondere Art der an den Staat gerichteten Zahlungen Noten (Papiergeld) überhaupt ausgeschlossen. Die Zahlungen für verkaufte Staatsländereien sollten nämlich fortan nur in klingender Münze entrichtet werden. Jackson ging sogar in seinem Haß gegen die Bank noch weiter.

Er brachte bereits 1836 einen Antrag ein, bei den Staatskassen nur Edelmetall als Zahlung anzunehmen. Der Kongreß verwarf ihn, aber der Präsident traf am 4. Juli 1836 eigenmächtig diese Verfügung. „Die Exekutive, so erklärte er zu seiner Rechtfertigung, könne ihren Kassen vorschreiben, welche Geldsorten sie anzunehmen oder zurückzuweisen habe".

Nach dem Aufhören der Vereinigten Staaten-Bank verordnete schließlich das Gesetz „über die Unabhängigkeit der Kassen", daß von nun an Noten einer Bank von den Kassen der Union nicht an Zahlungsstatt angenommen werden sollten.

5. DIE BANKSYSTEME DER EINZELSTAATEN.

Wie schon soeben erwähnt, besaß die Bank in dem Präsidenten Jackson einen heftigen Feind. Es gelang ihm schließlich, durch Jahre lange, immer erneute Anfeindungen es dahin zu bringen, daß ihrem Privileg, das 1836 ablief, die Erneuerung versagt wurde.

Mit ihrem Verschwinden waren die Einzelstaaten bezüglich ihres Notenbankwesens wieder sich selbst überlassen. Die Ausbildung derselben variierte in den einzelnen Staaten sehr. Als die drei Arten, welche sich praktisch den größten Geltungsbereich eroberten, sind wohl das Safetyfund-, Suffolk- und Freebank-System zu nennen. Sie mögen daher kurz geschildert werden.

a) Das Safetyfund-System.

Das Safetyfund-System verdankt seine Entstehung der Anregung des Syrakusaners Josua Forman. Er empfahl im Staate New York ein bei den Kaufleuten in Honkong seit 70 Jahren übliches Verfahren. Es stellte im Grunde eine Art Versicherung auf Gegenseitigkeit zum Schutze der Noteninhaber und Gläubiger dar. Ein diesbezügliches Gesetz ward zuerst am 29. April 1829 im Staate New York erlassen. Die darin zum Ausdruck kommenden Prinzipien des Notenbankbetriebes waren die folgenden: Das Bankkapital ist lediglich in öffentlichen Anleihen, Bonds und Hypotheken, also langfristigen Werten anzulegen. Es dient somit lediglich als Garantiefonds. Nur die Depositen sind zum Diskontieren zu verwenden und haben das alleinige Betriebskapital zu bilden. Infolge dieser Methode mußten bei einer etwaigen Zahlungsunfähigkeit einer solchen Bank die unbedingt nötigen flüssigen Gelder fehlen, da ja die Depositen natürlich sofort zurückgezogen wurden. Sie stellten aber das einzige sofort verfügbare Kapital dar. Die festen Werte waren natürlich nicht sofort oder zum mindesten schwer verkäuflich. Um nun für diesen Fall eine genügende Barreserve anzusammeln, bestimmte das Gesetz von 1829: Sämtliche Notenbanken des Staates New York sind fortan verpflichtet, mindestens $^1/_2$ % ihres Kapitals bis zum Höchstbetrage von 3 % an den Staat zu entrichten. Die auf diese Weise angesammelten Fonds sollten dazu dienen, die Noten aller Banken, deren Aktien verloren waren, einzulösen, sowie ihre sonstigen Verbindlichkeiten zu erfüllen. Drei Mal im Jahr fand staatlicherseits eine Revision statt, ob die Banken dieser Vorschrift auch nachgekommen seien. Wurde der Fonds durch Fallimente stark reduziert oder gar aufgebraucht, so war der Staat berechtigt, neue Zubußen anzuordnen. Abgesehen davon, daß auf diese Weise auch die guten Banken für die schlechten leiden mußten, hat sich dieses System der Selbstversicherung in Krisenzeiten wie 1837 als unzureichend erwiesen. Der angesammelte Fonds war viel zu gering. etc. Sein Nutzen lag u. E. vor allen Dingen auf dem Gebiete des Geldwesens darin, daß die Banken infolge dieses Aufeinanderangewiesenseins gegenseitig ihre Noten annahmen, die dadurch einen größeren Geltungsbereich erhielten. Vermutlich tat der Staat ein Gleiches; und die Noten traten damit in den Kreis seines Geldes.

b) Das Suffolk-System.

Im Jahre 1818 war in Boston in New England der Suffolk Bank eine Charter erteilt worden. Ihre Noten zirkulierten nicht nur in Boston, sondern überall in ganz New England zum Parikurse. Im Gegensatz dazu mußten sich die außerhalb dieser Hauptstadt domizilierten sogenannten „country" Banken je nach der Entfernung von ihr einen Abzug von 1—2 % bei Einlösung gefallen lassen. Eine Rechtfertigung fand derselbe in der Schwierigkeit und den Kosten, die ihre Rückkehr zum Ausgabeorte verursachte. Dieses Agio, welches mithin die eine Art der Banknoten gegenüber der anderen besaß, führte aber keineswegs zur Verdrängung. Sondern beide hielten sich nebeneinander im Verkehr. Gleich abgenutzten Münzen flohen die „country"-Banknoten die Kassen der Bostoner Banken, da ihnen ja dort bei Einlösung Verlust drohte. In welchem hohen Maße das geschah, geht daraus hervor, daß der Notenumlauf der 7 Bostoner Banken bei einem Kapital, das die Hälfte des gesamten Bankkapitals von New York bildete, nur ca. $^1/_{25}$ von den umlaufenden Noten ausmachte. Der ganze große Rest bestand aus Country-Noten. Es entschied bei ihnen ihre zirkulatorische Verwendbarkeit allein. Damit drohten sie zu einem festen Bestandteil der Geldverfassung zu werden, entgegen ihrer Natur als Banknote.

Um diesem Übelstande zu steuern, erklärte sich die Suffolk-Bank in Boston bereit, die Noten aller Country-Banken al pari einzulösen, falls diese sich verpflichten wollten, ein dem Vorkommen der Noten entsprechendes Guthaben bei ihr zu halten. Eine Verzinsung wurde nicht gewährt; seine Höhe hatte mindestens 2000 Dollars zu betragen. Nur sehr wenige Provinzbanken machten zunächst davon Gebrauch. Erst, als die Suffolk-Bank die Noten der widerspenstigen Banken in ihren Kassen systematisch ansammelte, und sie dann auf einmal vorzeigte, gaben sie nach und nahmen die gestellten Bedingungen an. In der Regel fand zweimal wöchentlich Abrechnung zwischen der Suffolk- und den Country-Banken statt. Der sich etwa ergebende Saldo mußte in Bargeld beglichen werden.

Der Vorteil dieses Noten-Abrechnungssystems bestand vor allem darin, daß dadurch die Noten der beteiligten Banken nunmehr in allen Teilen New Englands, teilweise auch der Vereinigten Staaten und Canadas, Umlauffähigkeit erhielten. Der Zahlungskreis wurde bedeutend erweitert.

1837 gehörten 504 Banken diesem System an. 1846 gelangten per Jahr 100 Millionen Dollars, 1855 schon 400 Millionen Dollars auf diese Weise zur Einlösung.

c) Das Freebank-System.

Wir kommen nun zu dem am 18. April 1838 erlassenen Freibankgesetz des Staates New York. Es wurde auch von anderen Staaten mit meist nur unwesentlichen Abänderungen als Bankgesetz angenommen. Wir müssen es schon deshalb kurz in seinen Grundzügen darstellen, weil es in vieler Beziehung vorbildlich für das heute noch geltende Nationalbankgesetz geworden ist. Seine Hauptbestimmungen lassen sich etwa dahin zusammenfassen:

Jede Person oder Association von Personen soll von dem Schatzsekretär Noten zur Zirkulation erhalten. Nachdem der Betreffende sie mit seiner Unterschrift versehen hat, darf er sie als Geld ausgeben. Er muß indes zuvor „stocks“ der Vereinigten Staaten, des Staates New York oder irgend eines anderen durch den Comptroller gutgeheißenen Staates deponieren. Der Betrag hat stets die Höhe zu erreichen, daß eine Verzinsung der erhaltenen Notenmenge zu 5 % garantiert ist. Bonds und Hypotheken auf Grundstücke mit Ausschluß der Gebäude werden zur Hälfte ihres Wertes als Sicherheit angenommen. Sie müssen 6 % Zinsen tragen. Auf den gedruckten Noten ist durch ein Vermerk anzudeuten, auf welcherlei Unterpfand hin sie emittiert worden sind.

Im Falle der Nichteinlösung von Noten läßt der Comptroller zunächst 10 Tage Frist verstreichen. Ist auch dann Zahlung seitens der Bank nicht erfolgt, so hat er die Pflicht, die deponierten Sicherheiten zu verkaufen und den Erlös zur Einlösung der Noten zu verwenden. Der Staat ist in keiner Hinsicht für die Zahlung der Noten über die eigens für diesen Zweck angeordnete Sicherheit hinaus verantwortlich.

Keine Gesellschaft, die auf Grund dieser Bedingungen Noten ausgibt, darf für einen Zeitraum von über 20 Tagen an ihrem Geschäftsplatz weniger als 12½ % ihrer umlaufenden Noten in barem Gelde liegen haben. Keine Bank soll mehr als 7 % Zinsen und ¼ % Provision nehmen.

Am 1. Dezember 1839 gab es schon 133 Banken nach diesem System.

Die mit dieser Art der Deckung erhoffte große Sicherheit stellte sich, wie Krisenzeiten zeigten, nicht in vollem Maße ein.

1844 konnten die fallierten 26 Freebanken ihre Noten durchschnittlich nur mit 76% einlösen. Eine Abänderung der Bestimmungen fand infolge sich einstellender Mißbräuche vielfach statt, bis 1863 das Nationalbankgesetz an seine Stelle trat.

Die Einheitlichkeit und der Zahlungs- resp. Geltungsbereich der Mehrzahl der im Staate New York kursierenden Noten war dadurch garantiert. Beim Anschluß anderer Staaten an dieses System dehnte sich dieser Kreis der Zahlgemeinschaft noch bedeutend aus. Die Annahme dieser Noten durch die Regierungskassen, vermittels deren ja ihre Ausgabe erfolgte, ist als sicher anzunehmen.

Rufen wir uns nochmal die Physiognomie der amerikanischen Banken in der Zeit von 1836—63 ins Gedächtnis, so können wir zusammenfassend über ihre Stellung im Geldwesen sagen: „Tatsächlich oder rechtlich priviligierte Banken verschwinden; und Banken traten in den einzelnen Staaten an ihre Stelle, die in ihrer Notenausgabe rechtlich völlig unbeschränkt waren.“ Die Annahme der Noten durch den Staat dürfte sich in jedem einzelnen Gebiete über die jedesmalige Gesamtheit der Banken erstreckt haben, welche dem herrschenden Systeme angehörten. Wo der Staat besondere Bankgesetze erließ, da liegt die Annahme sehr nahe, daß die Regierung die Noten all der Banken an ihren Kassen zuließ, welche sich ihren Vorschriften betreffs Ausgabe derselben unterworfen hatten. Eine Einheitlichkeit indes, die die ganze Union umfaßt hätte, fehlte. Dieser Mangel machte sich zwar in ruhigen und aufstrebenden Zeiten nicht so geltend. Er trat aber in den Jahren des Bürgerkrieges mit voller Schärfe hervor. Vor allen Dingen fehlte der Regierung damals jeder Halt- und Stützpunkt. Die Staaten-Banken waren zu schwach. Sie versagten im Augenblick der Not völlig. Das empfand man schmerzlich und suchte dem durch Gründung der Nationalbanken abzuhelfen.

6. DIE NATIONALBANKEN. 1863—1907.

Ähnlich wie die I. und II. Vereinigte Staaten-Bank nicht sowohl um ihrer selbst willen, d. h. als etwas an sich Gutes und Notwendiges, geschaffen wurden, sondern weil man hoffte, durch sie eine bestimmte Augenblicksaufgabe des Staates leichter und schneller erfüllen zu können, so sollten auch die Nationalbanken mehr Mittel zum Zweck, nicht Selbstzweck, sein. Sie sollten nämlich die Möglichkeit bieten, den neuen in großer Menge während des Bürgerkrieges aufgehäuften und noch zu erwartenden Schulden der Union einen gesicherten Absatz im Inlande zu verschaffen. Dies wurde erreicht, indem den neu zu gründenden Nationalbanken die Ausgabe von Noten nur unter der Bedingung der Deponierung des gleichen Betrages von Vereinigten Staaten-Bonds gestattet wurde. Die wesentlichen Bestimmungen, welche das Nationalbankgesetz in betreff dieser Banken traf, gingen etwa dahin:

Dem Comptroller of the Currency, Vorsteher der im Schatzamte zur Ausgabe und Regulierung eines durch United States Bonds gesicherten Umlaufmittels neu errichteten Abteilung, lag die Pflicht ob, forthin allein Banknoten zu emittieren. Es geschah das indes nicht direkt. Vielmehr wählte man folgenden Weg. Jede Gesellschaft von mindestens 5 Personen hatte eine Urkunde aufzustellen, in der Firma, Domizil, Grundkapital, Namen usw. derselben bezeichnet waren. Zweck ihres Geschäftsbetriebes mußte sein, das Notenbankgeschäft in den vom Gesetz angegebenen Grenzen auszuüben. Waren diese Bedingungen erfüllt, so erhielt man vom Comptroller gegen Deponierung von United States Bonds 90 : 100 des Kursus der Papiere Umlaufsmittel ausgehändigt. Das Kapital hatte in Städten von 10 000 bis 50 000 Einwohnern 50 000 Dollars, darüber mindestens 100 000 Dollars zu betragen. Die Hälfte mußte sofort in bar, der Rest in 2 monatlichen Raten à 10 % eingezahlt werden.

Die vom Schatzsekretär auf dieser Grundlage ausgegebenen Noten hatten für alle Banken das gleiche Aussehen. Sie unterschieden sich lediglich durch Vignetten und Unterschriften der Direktoren. Die Abschnitte, in denen sie ausgefertigt wurden, lauteten auf 1, 2, 3, 5, 10, 20, 50, 100, 500 und 1000 Dollars. Der Gesamtbetrag der unter dem Gesetz vom 25. Februar 1863 ausgegebenen Banknoten durfte 300 Millionen nicht überschreiten.

Diese Summe sollte zur Hälfte im Verhältnis zur Bevölkerung, zur andern Hälfte im Verhältnis des zur Zeit des Erlasses des Gesetzes vorhandenen Aktienkapitals an die Banken verteilt werden.

Die Noten dieser neuen Nationalbanken resp. der Staatenbanken, die sich den Bedingungen des neuen Gesetzes unterworfen hatten, sollen in allen Orten der Vereinigten Staaten bei allen Zahlungen mit alleiniger Ausnahme der Zölle sowie der Zinsen der Staatsschuld angenommen werden. Interessant ist bei diesem Passus des Gesetzes die schöne scharfe Unterscheidung resp. Erwähnung der epi- und apozentrischen Zahlungen. Es heißt nämlich da: „receivable for all dues to the United States payable for all debts owing by the United States". Was die Aussonderung der beiden genannten bestimmten Zahlungskreise aus dem großen allgemeinen betrifft, so will sich offenbar die Regierung auf diese Weise das für exodromische Zwecke nötige Gold sichern. Eine Bedeutung hatte und konnte diese Bestimmung naturgemäß nur solange haben, als die Noten definitives valutarisches Geld waren und das Gold ihnen gegenüber ein Agio genoß. Sobald es aber in valutarische Stellung gerückt, und die Noten in Gold einlösbar waren, besitzt sie einen praktischen Wert nicht mehr.

Weitere Vorschriften lauteten: Jede Bank muß als Reserve einen Barschatz von wenigstens ein Viertel des Betrages ihrer umlaufenden Noten und Depositen halten. Dem Comptroller ist, so oft er es verlangt, seitens der Nationalbanken Bericht zu erstatten. Mindestens einmal jährlich muß er den Kongreß über den Stand der Dinge auf diesem Gebiete in Kenntnis setzen. Noten, welche die Banken sich weigern einzulösen, können protestiert werden. Ist dies geschehen, so erfolgt ihre Einlösung durch den Comptroller. Die Banknote verliert also von dem Moment an völlig ihren Geldcharakter und sinkt zur einfachen Schuldurkunde herab.

Das Nationalbankgesetz besteht in dieser Form im wesentlichen in seinen Grundzügen noch heute. Die unterdes immerhin erfolgten Änderungen mögen noch kurz erwähnt werden.

Am 3. Juni 1864 wurde die Reserve auf 25% nur für die in den 18 bedeutendsten Städten des Landes gelegenen Banken, für alle übrigen auf 15% fixiert. Sodann hat jede der 18 Banken mit Ausnahme von New York dort eine Nationalbank zu bestimmen, bei der ihre Noten eingelöst werden. Zu diesem Zwecke müssen diese Banken $12\frac{1}{2}$% ihres Notenumlaufes und ihrer Depositen daselbst deponieren. Alle übrigen Banken, die nicht in einer der oben genannten „leading cities“ ihren Sitz haben, haben die Pflicht, eine Nationalbank in einer von jenen 18 Städten anzugeben, die ihre Noten umtauscht. $\frac{3}{5}$ der 15% Reserve, deren Haltung ihnen auferlegt ist, müssen sie in Zukunft zu diesem Zwecke dort hinterlegen. Auf diese Weise verlieh man dem neuen System die Vorzüge der Suffolkbank.

Das Gesetz vom 3. März 1865 zog eine bestimmte Grenze für die Notenausgabe, abgestuft nach der jeweiligen Höhe des Aktienkapitals der betreffenden Bank. Institute mit

500000 Dollars und weniger	durften	für	90%	des Kapitals Noten ausgeben.
von 500000—1 Million	„	„	80%	
„ 1 Million—3 Million	„	„	75%	
über 3 Millionen	„	„	60%	

Die Staatenbanken mußten nach dem Stande vom 1. Juli 1866 eine 10% Steuer vom Notenumlauf zahlen. Zweck dieser Maßregel war, sie zu zwingen, entweder sich in Nationalbanken umzuwandeln oder das Notengeschäft überhaupt aufzugeben. Das wurde auch sehr bald erreicht. Während 1864 noch 170 Millionen Dollars im Umlaufe waren, gab es 1867 so gut wie keine Noten dieser Banken mehr.

Im November 1868 wurde sodann das Maximum der Gesamt-Notenausgabe der Nationalbanken um 54 Millionen auf 354 Millionen Dollars erhöht. Von dieser Summe kamen 25 Millionen hauptsächlich den Südstaaten zugute, die vorher zu kurz gekommen waren. Der Rest wurde auf die Banken verteilt, welche seinerzeit einen im Verhältnis zu ihrer Einwohnerzahl zu geringen Betrag erhalten hatten.

Das Gesetz vom 20. Juni 1874 führte den Namen „National Bank Act“ ein und befreite die Nationalbanken von jeder Sicherung ihrer Noten durch Barreserve. Die Sorge für die Noteneinlösung wurde dem Schatzamt übertragen. Zu diesem Zwecke mußte jede Nationalbank 5 % ihres Notenumlaufes in gesetzlichem Gelde hinterlegen und nach Einlösung von Noten entsprechend verstärken. Natürlich schloß diese Einlösung durch das Schatzamt nicht etwa eine solche durch die Bank an ihren eigenen Kassen aus. „This does not relieve banks from the duty of redeeming their notes at their own counters on demand.“ Die Regierung ging also damit über die bloße Annahme der Noten noch hinaus.

Schließlich hoben die Gesetze vom 14. Mai 1875 und vom 12. Juli 1882 obige Beschränkung der Notenemission auf. In Zukunft war es jeder Bank gestattet, Noten bis zu 90 % ihres Aktienkapitals auszugeben. Nur bezüglich der Zurückziehung wurde bestimmt, daß im Laufe eines Kalendermonats nicht mehr als 3 Millionen insgesamt zurückgezogen werden dürfen. Wer aber seinen Notenumlauf einschränkt, darf ihn innerhalb der nächsten 6 Monate nicht wieder ausdehnen.

Die heute geltenden Hauptvorschriften der Notenemission für Nationalbanknoten sind somit die folgenden: Jede Nationalbank ist berechtigt, vom Schatzamte Noten in der Höhe ihres Kapitals zu verlangen, sofern solche durch 2 % United States Bonds gesichert sind. Bei Hinterlegung von höher verzinslichen Bonds darf der Notenumlauf nur 9/10 des Kapitals betragen. Die Notensteuer beträgt für durch

2 % Bonds gedeckte Noten 1/4 % der gesamten Zirkulation
3 % „ „ „ 1/2 % „ „ „

Als Einlösungsfond muß jede Bank 5 % ihres Umlaufes in lawful money deponieren, was sie natürlich nicht selbst von der Einlösung entbindet.

Den Nationalbanken sind nur die gleichen Geschäfte wie unseren kontinentalen Zentralbanken und die Annahme von Depositen gestattet. Hingegen ist ihnen die Spekulation in Grundstücken sowie der Erwerb und die Beleihung ihrer eigenen Aktien verboten. Ferner dürfen sie höchstens 1/10 ihres Aktienkapitals an eine Person ausleihen. Jede Bank hat 5 Berichte über den jeweiligen Stand des Geschäftes an den Comptroller zu liefern. Auf Wunsch muß ihre Veröffentlichung erfolgen. Liquidiert eine Bank freiwillig oder zwangsweise, wozu der Comptroller bei Nichteinlösung der Noten sowie Nichteinhaltung der Reserve ermächtigt ist, so dient der Erlös der deponierten Bonds zur Einlösung der Noten. Bei einer großen Krisis, welche die gesamten oder auch nur einen großen Teil der Banken in Mitleidenschaft zieht, ist dies natürlich vollkommen illusorisch. Wer soll dann diese abzustoßenden Bonds kaufen?

Die Geldarten und ihre Verfassung 1900.

<table>
<tr><th>Annahme bei der Zentralkassse, dem Schatzamt, genießen:</th><th>I.</th><th>II.</th><th>III.</th><th>IV.</th></tr>
<tr><td>Goldmünzen 10, 5, 2 1/2 Dollar</td><td>Kurantgeld</td><td>definitiv</td><td>bar</td><td>valutarisch</td></tr>
<tr><td>Silbermünzen 1/2, 1/4, 1/10, 1/20 Dollars</td><td>Scheidegeld</td><td>provisorisch</td><td rowspan="9">notal</td><td rowspan="9">akzessorisch</td></tr>
<tr><td>Silberdollar (von 1878)</td><td>Kurantgeld</td><td>definitiv</td></tr>
<tr><td>Nickel- und Kupfermünzen</td><td rowspan="2">Scheidegeld</td><td rowspan="7">provisorisch</td></tr>
<tr><td>fractional currency</td></tr>
<tr><td>Greenbacks Vereinigte Staaten Noten</td><td rowspan="2">Kurantgeld</td></tr>
<tr><td>Schatznoten (von 1890)</td></tr>
<tr><td>Goldzertifikate</td><td rowspan="3">rein fakultative Annahme</td></tr>
<tr><td>Silberzertifikate</td></tr>
<tr><td>Nationalbanknoten</td></tr>
</table>

Der Idee nach ist der Notenumlauf unbeschränkt. De facto indes findet er seine Grenzen und zwar ziemlich enge 1. durch die vorhandene (zurzeit geringe) Menge der United States Bonds, 2. durch die Bestimmung, daß eine Bank nur bis zur Höhe ihres voll eingezahlten Aktienkapitals Noten ausgeben darf. Schließlich dürfen Notenabschnitte unter 5 Dollars nicht ausgegeben werden. Diese letztere Bestimmung verdankt ihre Entstehung nicht einem bestimmten Prinzipe, sondern ist lediglich deswegen getroffen, um dem staatlichen Papiergeld, hauptsächlich den Silberzertifikaten, im Verkehr genügenden Raum zu lassen.

Die Folge der angegebenen eigenartigen Bedingungen ist: der Notenumlauf in den Vereinigten von Amerika, vor allen Dingen Ausdehnung und Kontraktion, vollzieht sich n i c h t je n a c h B e d a r f. Es sind vielmehr rein egoistische Interessen des Gewinnes, welche ihn beherrschen. Der eventuell aus der Anlage oder Nichtanlage in Bonds, die zur Deckung geeignet sind, zu erwartende Gewinn oder Verlust ist entscheidend. Nur zu häufig wirkt diese Tendenz gerade entgegengesetzt, als es wünschenswert wäre. Der Notenumlauf ist infolgedessen lächerlich klein gegenüber den verschiedenen Arten staatlichen Papiergeldes. Er erscheint fast als eine konstante Größe in der Masse der Umlaufsmittel und bedeutet daher de facto nichts anderes als ein durch Wertpapiere gedecktes Papiergeld.

VIII. Abschnitt.

ANALYSIERUNG DER HEUTE GILTIGEN GELDVERFASSUNG DER VEREINIGTEN STAATEN.

Wie im Fluge haben wir soeben die ganze Entwicklung des amerikanischen Geldwesens während des 18. Jahrhunderts an unserem geistigen Auge vorüber ziehen lassen. Die mannigfaltigsten Formen und Arten von Zahlungsmitteln sind uns da im Laufe der Zeit begegnet. Manche sind aufgetaucht, um bald wieder zu verschwinden; von anderen sind Spuren noch heute zu erkennen. So reich und wechselvoll war die Entwicklung, daß es sich empfehlen dürfte, in diesem letzten Kapitel noch einmal rekapitulierend und zusammenfassend kurz ein Bild von der heute in den Vereinigten Staaten von Amerika herrschenden Geldverfassung zu geben.

1. WO RUHT DIE LYTRISCHE VERWALTUNG?

Das Geldwesen ist in Amerika seit der Verfassung vom Jahre 1876 Sache des Kongresses der föderierten Staaten. Vordem stand dieses Recht den Einzelstaaten zu. Heißt es doch ausdrücklich in den Statuten von 1878: Der Kongreß „shall also have the sole and exclusive right and power of regulating the alloy and value of coin struck by their own authority, or by that of the respective States“.

An der Spitze des Geldwesens und alle diesbezüglichen Anordnungen treffend steht der Schatzsekretär der Vereinigten Staaten. Er weist die einzelnen Münzämter, deren es acht im ganzen Lande gibt, an, auf Kosten der Regierung das ihnen vom Schatzamte zugehende Metall auszuprägen. In seiner Hand ruht auch die Ausgabe und Einlösung nicht nur des staatlichen

Papiergeldes, der Greenbacks und Schatznoten sowie der Gold- und Silberzertifikate, sondern auch der Noten der Nationalbanken. Letztere liefert das Schatzamt bekanntlich gegen Deponierung eines entsprechenden Betrages von Vereinigten Staaten-Bonds an die Banken. Dann erst geben diese sie aus. Die Einlösung der Noten findet bei den Banken selbst, aber auch bei dem Schatzamte statt. Zu diesem Zwecke muß jede Nationalbank 5 % ihres jeweiligen Notenumlaufes beim Schatzamt deponieren.

Wir sehen also, es findet weitgehendste Zentralisation, resp. eine Vereinigung aller Zweige der lytrischen Verwaltung, in einem Punkte statt.

2. WELCHES IST DIE WERTEINHEIT UND ART DER ZAHLUNG?

Die Werteinheit, welche in den Vereinigten Staaten von Amerika gilt, ist der Dollar. Er ist identisch mit dem früheren „spanish milled dollar“. So lautet seine historische Definition.

Pensatorische Zahlungen kommen in Amerika nicht mehr vor. An ihre Stelle sind überall chartale getreten. Auch auf giralem Wege und zwar dem der Abrechnung (clearing) findet sogar ein verhältnismäßig großer Teil der täglich zu leistenden Zahlungen statt. Das beweisen die enormen Summen, die vor allem das New Yorker Clearinghaus, das größte der Welt, täglich umsetzt. An ihnen ist auch seit langer Zeit der Staat in ausgedehntem Maße beteiligt. Damit hat er wenigstens teilweise diese Art der Zahlung anerkannt.

3. WELCHES SIND DIE EINZELNEN GELDARTEN UND WIE LAUTET IHRE VERFASSUNG?

Zum Gelde der Vereinigten Staaten, welche alle eine einzige Zahlungsgemeinschaft zusammen bilden, gehören alle diejenigen chartalen Zahlungsmittel, die bei der Zentralstelle dieser Gemeinschaft, dem Schatzamte, Annahme finden, also „akzeptiert“ sind. Demnach gibt es zurzeit in der Union die folgenden 10 Geldarten:

1. Die Goldmünze genannt Eagle (Adler) begültigt zu 10 Dollars. Des weiteren eine solche zu 20 Dollars, Doppel-Eagle, zu 5 Dollars, half Eagle und zu $2^1/_2$ Dollars, quarter Eagle.

2. Die entsprechend dem Gesetze von 1853 geprägten Silbermünzen. Stücke mit Geltung zu $^1/_2$ Dollar, half dollar, $^1/_4$ Dollar, quarter dollar, $^1/_{10}$ Dollar, disme und $^1/_{20}$ Dollar, half disme.

3. Eine Silbermünze mit der Geltung von 1 Dollar, geprägt nach Gesetz vom Jahre 1837.

4. Die Nickelmünzen zu 5 cents und 3 cents. Kupfermünzen zu 1 cent. Cent bedeutet dabei den 100. Teil eines Dollars.

5. Das laut Akte vom 3. März 1863 eingeführte fractional currency (Kleinpapiergeld-Noten) in Stücken von 3—50 cents. Zur Zeit ist nur noch ein kleiner Betrag vorhanden.

6. Vereinigte Staaten-Noten (Greenbacks). Es gibt Stücke zu 10—1000 Dollars.

7. Treasury notes (Schatznoten) von 1890 in den gleichen Abschnitten wie die Greenbacks.

8. Goldzertifikate in Stücken von 20 Dollars aufwärts.

9. Silberzertifikate. Davon sind 90% Stücke von 1 bis 10 Dollars, die restlichen 10% bestehen aus Abschnitten von 20, 50 und 100 Dollars.

10. Die Noten der 1864 gegründeten, resp. in solche verwandelten Nationalbanken. Sie werden in Stücken von 5 Dollars aufwärts ausgegeben.

Die Geldarten 1—4 sind Münzen, 5—10 Scheine. Die durch Akte vom 14. März 1900 geschaffene, auch heute noch giltige Grundlage des amerikanischen Geldwesens ist die: Es gibt nur ein hylisches Metall, das Gold. Danach sind also nur die oben genannten Goldmünzen einzig und allein bares Geld. Alle übrigen Arten besitzen lediglich notalen Charakter. Diese Goldmünzen sind auch seit 1879 fast ununterbrochen, wie wir gesehen haben, valutarisches Geld. Denn seitdem hat es sich das Schatzamt, die allein maßgebende Stelle für die lytrische Verwaltung, zum Prinzip gemacht, stets seine apozentrischen Zahlungen auf Verlangen in Goldgeld zu leisten.

Die Verfassung der oben aufgeführten 10 Geldarten ist im einzelnen folgendermaßen geordnet:

1. Die Goldmünzen werden geprägt aus Gold von der Feinheit $^9/_{10}$. Grundsätzlich ist jede Menge dieses Metalles unbeschränkt in Eagle's ausprägbar und zwar soll aus je 232 gr. fein Gold ein Eagle ausgemünzt werden. Das ist die hylogenische Norm. Die übrigen Goldmünzen sind dem Eagle proportional ausgeprägt. Sie besitzen daher die Eigenschaft des baren Geldes, denn ihr spezifischer Gehalt ist gleich dem des Eagle. Ebenso sind die Goldmünzen zum Kurantgeld zu rechnen, weil sie infolge des ihnen verliehenen legal tender-Charakters schlechthin obligatorisch sind; d. h. man muß jede Zahlung in dieser Geldart annehmen, gleichgültig in welcher Höhe sie angeboten wird. Zugleich stellen diese Münzen auch ein definitives Geld dar. Eine Einlösung irgend welcher Art findet ja nicht statt. Daß und aus welchem Grunde sie valutarisch sind, wurde oben schon ausgeführt.

Die Goldmünzen werden, auch wenn sie beträchtlich ($^1/_2$ %) unter ihr gesetzmäßig festgestelltes Gewicht gesunken sind, bei epizentrischen (an den Staat gerichteten) Zahlungen nach dem Werte, zu welchem sie begültigt sind, angenommen. Als Zeitdauer für die natürliche Abnutzung sind 20 Jahre festgesetzt. Der Staat selbst verwendet keine unter obige Grenze abgeschliffenen Stücke bei seinen apozentrischen Zahlungen. Er hält die etwa eingehenden zurück und läßt sie auf seine Kosten umprägen. Sind die Münzen indes unter jene Limitation gesunken, so befiehlt das Gesetz, ihre Annahme solle nach dem vorhandenen Gewicht erfolgen.

2. Die gemäß dem Gesetz von 1853 geprägten Münzen aus Silber sind, da dies für sie seit jener Zeit kein hylisches Metall mehr ist, vielmehr die Prägung ausdrücklich dem Staate vorbehalten ist, kein hylogenisches, sondern autogenisches Geld. Zudem stellen sie kein bares, sondern notales Geld dar. Auch für sie ist die Feinheit $^9/_{10}$ vorgeschrieben. Aus 345 gr. Fein-

silber prägt man Münzen dieser Art (1/2 und 1/4 Dollar — 1/10 und 1/20 Dollarstücke) im Werte von 1 Dollar Geltung. Daß der Silbergehalt diese nicht zu begründen vermag, ist klar. Der Stoffwert der Münzen ist infolge des gesunkenen Silberpreises auf dem Weltmarkt viel geringer als ihr Nennwert.

Die Herstellung dieser Silbermünzen hat sich der Staat vorbehalten. Während ihre Menge früher lediglich in das Ermessen des Schatzsekretärs gestellt war, wurden sie laut Akte vom 14. März 1900 auf 100 Millionen insgesamt festgesetzt. Diese Beschränkung beseitigte das Gesetz von 1903. Dann ist vermutlich der alte Zustand wieder eingeführt worden.

Weil das Schatzamt diese Münzen bei größeren apozentrischen Zahlungen nicht aufdrängt, so ist demnach ihre Stellung als akzessorisch zu bezeichnen. Epizentrische Zahlungen können natürlich in unbeschränktem Maße in dieser Geldsorte geleistet werden. Da die Stücke im apo- und parazentrischen Verkehr laut gesetzlicher Vorschrift (1853) bis zu 5 Dollars legal tender Kraft besitzen, so ist dies ihre kritische Höhe, bis zu der sie obligatorisch sind. Ihrer Einreihung in das Scheidegeld steht daher nichts im Wege. Für ihre Einlösung, die in „national currency“ erfolgen soll (tatsächlich dürfte heute wohl fast nur das valutarische Goldgeld in Betracht kommen), ist ein kritischer Betrag von 100 Dollars fixiert. Mit der Geltung dieser Scheidemünzen hat diese Einlösung, wie aus den betreffenden Bestimmungen des Gesetzes von 1866 deutlich hervorgeht, nicht das Mindeste zu tun. Sie begründet sie also nicht etwa.

3. Der Silberdollar wird nach einem früheren Münzgesetz, dem vom Jahre 1837, erst seit 1878 wieder ausgeprägt. Aus je 412 1/2 gr. Feinsilber soll ein Dollar in Geltung hergestellt werden! Somit ist sein spezifischer Gehalt höher als der der soeben besprochenen silbernen Scheidemünzen. Die Geltung wird dadurch, wie man sieht, nicht im geringsten beeinflußt. Ganz natürlich. Beruht sie doch nicht auf dem Gehalt der Münzen, sondern stellt lediglich einen autoritativen Akt der Staatsgewalt dar.

Eine freie Ausprägung des Silberdollars findet nicht statt; sie liegt allein in der Hand des Staates. Das Silber ist auch bezüglich des 1 Dollarstückes kein hylisches Metall mehr. Die fragliche Geldart besitzt demnach keine Bar-, sondern Notalverfassung.

Da das Schatzamt — inwieweit es gesetzlich zu dem Gegenteil befugt wäre, ist bei der undeutlichen Fassung des betreffenden Gesetzesabschnittes schwer zu sagen — bei seinen apozentrischen Zahlungen seit 1879 bis heute noch nie Silberdollars aufgedrängt hat, so befindet auch er sich gegenüber dem valutarischen Goldgelde in akzessorischer Stellung.

Dagegen hat der Silberdollar die ihm laut Gesetz von 1878 verliehene Eigenschaft, „legal tender in all payments" zu sein, auch heute noch nicht verloren. Er ist und bleibt daher Kurantgeld, d. h. seine Annahme ist für alle Beträge auch im freien Verkehr obligatorisch. Aus diesem Grunde bezeichnete man bisher die Goldwährung Amerikas ebenso wie die deutsche seiner Taler halber als hinkende.

Der Unterschied zwischen beiden Geldarten, die viele Ähnlichkeit miteinander haben, beruht vor allem darin. Die Prägung der deutschen Taler ist seit den 1870 Jahren gesperrt. Ja, seit 1907 ist ihnen ihre Geltung im Privatverkehr genommen. Bis 1. September 1908 findet nur noch ihre Einlösung an den staatlichen sowie den Kassen der Reichsbank statt. Ihre Umschmelzung in silbernes Scheidegeld ist angeordnet. Sie verschwinden also völlig. Die amerikanischen Dollars hingegen werden noch so lange vermehrt, resp. nach dem alten Münzfuße ausgeprägt, bis der verhältnismäßig recht große unter der Bland- und Shermanbill angehäufte Vorrat von Silber aufgebraucht ist. Nach Dr. Pragers Schätzung wird sich nach der Durchführung dieser Maßregel ihre Gesamtsumme auf ca. 580 Millionen belaufen. Darüber hinaus allerdings ist, wie wenigstens die Dinge jetzt liegen, eine Vermehrung dieser Geldart nicht mehr möglich.

Der Silberdollar ist schließlich auch definitives Geld. Es besteht ja keinerlei Verpflichtung noch Vorsorge von Seiten des Staates für seine Einlösung. Immerhin halten wir es indes nicht für unmöglich, daß eine solche gegebenenfalls sogar in Gold erfolgen wird. Das aber kann nötig werden, damit der Schatzsekretär die ihm laut Akte von 1900 auferlegte Verpflichtung erfüllen kann, alle Arten des in den Vereinigten Staaten von Amerika kursierenden Geldes auf Vollwertigkeit zu erhalten.

4. Die Nickel- und Kupfermünzen. Erstere sind hergestellt aus einer Mischung, die 25 Teile Nickel und 75 Kupfer enthält. Letztere enthalten 11 penny weight Kupfer. Beide Geldsorten, es braucht wohl nicht erst gesagt zu werden, sind kein bares, sondern notales Geld. Ihre Herstellung und Ausgabe ist in das Ermessen des Schatzsekretärs gestellt. Man nimmt dabei an, er werde am ehesten imstande sein, sie möglichst dem Bedarf anzupassen. Einen ungefähren Anhalt und Maßstab soll ihm dabei, nach Meinung des Gesetzgebers, die Einlösung dieser Münzen bieten, welche in Beträgen zu 20 Dollars zu geschehen hat. Die Stücke befinden sich ebenso und aus den gleichen Gründen wie das Silbergeld in akzessorischer Stellung.

Da man ihnen legal tender-Charakter bis zu 25 cents verliehen hat, so stellen sie ein Scheidegeld mit diesem kritischen Betrage dar.

5. Das kleine Papiergeld „fractional currency", geschaffen durch Gesetz vom 3. März 1863, gehört zum Gelde, weil diese Scheine wenigstens bis zum Betrage von 5 Dollars als Zahlung von den öffentlichen Kassen resp. dem Schatzamte angenommen werden müssen. Sie sind notales Geld, wurden einmal seitens des Staates in einer bestimmten Höhe ausgegeben. Autogenischen Charakter besitzen sie, da es ja einer Hinterlegung des hylischen Metalles Gold nicht bedarf.

Im freien Verkehre haben sie bis 5 Dollars Annahmezwang; darüber hinaus sind sie rein fakultativ. Wegen dieses kritischen Betrages stellen sie ein papierenes Scheidegeld dar. Die Einlösung dieser kleinen Scheine erfolgt in Scheidemünze, welche eigens zu diesem Zwecke mehrfach ausgeprägt wurde. Der Gesamtbetrag war auf 50 Millionen Dollars festgesetzt. Heute dürfte, da die einmal eingelösten Stücke nicht wieder ausgegeben werden, nur noch eine ganz verschwindend geringe Menge von ihnen im Verkehr sein, zumal da viele auch zugrunde gegangen sein mögen. Sie sollen schließlich, dahin geht die Absicht, mit der Zeit ganz beseitigt und durch Scheidemünzen ersetzt werden. Der Zweck dieser Maßregel kann nur ein praktischer sein, da ja die Geldart bei diesem Verfahren die gleiche bleibt.

6. Die Vereinigten Staaten-(legal tender)Noten, auch Greenbacks genannt, verdanken ihre Entstehung dem Bürgerkrieg der 60er Jahre. Ihre Stückelung war 1, 2, 5, 10, 20, 50, 100, 500, 1000, 5000 und 10 000 Dollars. Die ersten wurden am 25. Februar 1862 emittiert. Auch heute noch sind sie Kurantgeld. Besitzen sie doch noch immer die ihnen seinerzeit beigelegte legal tender-Eigenschaft. Sie gehören zum notalen Gelde. Aus dem gleichen Grunde, den wir für die fractional Noten anführten, muß man sie als autogenisch bezeichnen. Ihre Einlösung findet seitens des Schatzamtes und zwar von 1900 ab in Gold statt. Zu diesem Zwecke ist eine Reserve von 150 Millionen zu halten. Vordem bestand nur die Verpflichtung, sie in „coin", Münze, einzulösen. Der ein für allemal festgesetzte Betrag dieser Greenbacks wurde laut Gesetz vom 31. Mai 1878 auf 346 681 016 Dollars, die damals gerade umlaufende Menge, fixiert. Seitdem ist die Summe unverändert geblieben. Demnach ist also diese Geldart gesperrt.

7. Die Treasury notes, Schatznoten von 1890, sind seinerzeit als Zahlung für das laut Shermangesetz vom 14. Juli 1890 von der Regierung anzukaufende Silber nach Maßgabe dieser Käufe ausgegeben worden. Die Stückelung war die gleiche wie bei den Greenbacks. Laut Akte von 1900 mußten indes die Abschnitte unter 10 Dollar eingezogen werden ebenso wie die der Vereinigten Staatennoten, um möglichst Raum für den Umlauf der entsprechenden Silberzertifikate zu gewähren. Man verlieh ihnen wie dem anderen Papiergeld die legal tender-Eigenschaft und machte sie dadurch zu Kurantgeld. Desgleichen sind sie den notalen und autogenischen Geldarten zuzuzählen. Sie sind jederzeit in Gold einlösbar gleich den Greenbacks, obwohl sie auf (Barren-) Silberdeckung beruhen. Während nach der Shermanbill der Schatzsekretär die Schatznoten welche er einnahm, nur vernichten durfte, wenn er sie gegen solche Dollars, die aus eben diesem Shermansilber ausgeprägt waren, eingelöst hatte, so ist er jetzt seit dem Gesetz von 1900 ermächtigt, alle Schatz-

noten von 1890 nicht wieder auszugeben. Dabei ist es ganz gleichgiltig, ob sie auf dem Wege der Einlösung oder des gewöhnlichen Kassenverkehrs in seinen Besitz gelangen. Mit ihrer Vernichtung, das ist allerdings festgehalten, soll eine Ausprägung von Silberdollars möglichst gleichen Schritt halten. Es wird also ein völliges Verschwinden auch dieser Noten, wie man sieht, erstrebt. Im Grunde aber tritt keine große Veränderung ein. Notales Geld soll bleiben, aber anstatt papierener Platten wie bisher wünscht man ihm Silberplatten zu geben. Warum?!

8. Die Goldzertifikate. Sie hatten die Aufgabe, hauptsächlich zur Erleichterung des Goldhandels und zur Vermeidung der teuren Transporte dieses Metalles zu dienen. Zu ihrer Ausgabe wurde der Schatzsekretär zum ersten Male während des Bürgerkrieges durch Akte vom 3. März 1863 ermächtigt. Es sollte ihm demnach erlaubt sein, Gold in Münz- und Barrenform für Private in Depot zu nehmen und dafür Zertifikate in Abschnitten nicht unter 20 Dollars auszugeben. Sie hatten keinen allgemeinen Annahmezwang, wurden aber bei Zahlungen an die Regierung genommen, genossen also staatliche Akzeptation. Sie gehören damit ohne Zweifel zum Gelde. Nachdem ihre Ausgabe seitdem mehrfach eingestellt worden war, werden sie laut Gesetz von 1900 in alter Weise und Form wieder ausgegeben.

Im Gegensatz zu den bisher genannten papierenen Geldarten, die allesamt autogenischen Charakter besaßen, stellen die Goldzertifikate zum ersten Male eine papierene und doch hylogenische Geldart dar. Denn der Privatmann überliefert dem geldschaffenden Staate das zurzeit hylische Metall. Dieser gibt ihm hierauf entsprechend der Norm Scheine (Zertifikate genannt) heraus. Mithin entstehen sie hylogenisch. An Stelle der orthotypischen Ausprägung von Münzen tritt indes die Herstellung von Scheinen. Im anepizentrischen (freien) Verkehre haben diese Goldzertifikate keinerlei Annahmezwang. Sie gehören daher zum rein fakultativen Gelde. Ihre Einlösung findet jeder Zeit in Gold, wie ihr Name besagt, statt. Zu diesem Zwecke wird nach ausdrücklicher gesetzlicher Vorschrift das ursprünglich eingelieferte Metall im Schatzamte getrennt aufbewahrt.

9. Neben diesem hylogenischen Papiergelde gibt es auch noch ein wegen seines Ursprunges eigenartiges autogenisches, die Silberzertifikate. Sie verdanken ihre Entstehung der Unmöglichkeit, größere Mengen der Blanddollars im freien Verkehr unterzubringen. Das Gesetz von 1878 gestattete dem Schatzsekretär, gegen Hinterlegung von mindestens 10 Silberdollars Zertifikate darüber auszugeben. Später (1886) und vor allen Dingen laut Akte vom 4. März 1900 werden auch Stücke von 1, 2 und 5 Dollars ausgegeben. Ja, es wurde sogar damals bestimmt, daß 90% aller Zertifikate auf solche kleinen und die restlichen 10% auf 20, 50 und 100 Dollars-Abschnitte lauten sollten. Die vorher existierenden Stücke über 500 und 1000 Dollars wurden ganz abgeschafft.

„Für Zölle, Steuern und alle öffentlichen Lasten sollen solche Zertifikate in Zahlung genommen werden". So bestimmt das Gesetz von 1900 ausdrücklich. Damit sind die Silberzertifikate in den Kreis staatlichen Geldes aufgenommen. Im freien (parazentrischen) Verkehre ist ihre Annahme offenbar einem jeden überlassen. Sie besitzen demnach rein fakultativen Charakter. Notalität haftet ihnen wie allen Scheinen an. Auch autogenisch sind sie. Wohl bedarf es einer Hinterlegung von Metall und zwar in Form bestimmter Münzen (Silberdollars). Aber, und das ist das allein Entscheidende, das betreffende Metall, nämlich Silber, welches dazu dient, besitzt schon lange nicht mehr hylische Eigenschaft.

Die Einlösung der Silberzertifikate findet in dem ursprünglich deponierten Silber naturgemäß statt. Indes ist wohl anzunehmen, daß der Staat auf Verlangen selbst diese Silberzertifikate in Gold einlösen wird, soweit dies die Aufrechtung der einmal gewählten Goldwährung erfordern sollte.

In akzessorischer Stellung befinden sich sowohl die Gold- als auch die Silberzertifikate.

10. Die Noten der Nationalbanken (nicht die der etwa noch vorhandenen Staatenbanken). Diese Art Notenbanken sind bekanntlich auf Grund des Nationalbankgesetzes von 1864 geschaffen. Sie haben die Befugnis, Noten auszugeben, d. h. Zahlungs-

mittel in Form von Scheinen zu schaffen. Diese sollen, so schrieb das Gesetz ausdrücklich vor, sein „receivable for all public except customs and for all payments by the United States except interest on the public debt and redemption of national currency." Sie genießen also staatliche Akzeptation, sind demnach zum Gelde zu rechnen. Die ausgesprochenen Beschränkungen sind nur eine Einengung des Zahlungskreises, in dem sie gültig sind. Man verfolgt damit bestimmte, rein praktische Zwecke. Da eine Annahme dieser Noten im Privatverkehr nicht vorgeschrieben wird, bilden sie offenbar ein rein fakultatives Geld. Auch notal und autogenisch sind diese Noten. Letzteres ergibt sich daraus, daß eine Hinterlegung nicht hylischen Metalles, sondern von Wertpapieren (Vereinigten Staaten-Bonds) zu erfolgen hat.

Eingelöst werden die Noten der Nationalbanken durch die Banken selbst und durch das Schatzamt. Es geschieht dies in „currency" vermutlich dem gesetzlichen Gelde. Dahin gehören Gold-, Silbermünzen, Schatznoten, Silberzertifikate und Greenbacks. Sie besitzen also provisorischen Charakter. Ihre Ausgabe ist de jure unbeschränkt, sofern sie zu 90% durch beim Schatzamte hinterlegte Bonds gedeckt sind. De facto findet sie ihre Grenze einmal in der Größe der Staatsschuld und sodann in der Höhe der in den letzten Jahren stets steigenden Kurse der Bonds. Diese machen nämlich die Emission von Noten sehr leicht unrentabel.

Man findet vielfach in Werken über amerikanisches Geldwesen noch eine Art der Zahlungsmittel erwähnt. Es sind die W ä h r u n g s-(currency)Z e r t i f i k a t e. Sie wurden laut Gesetz vom 8. Juni 1872 seitens des Staates gegen Deponierung des gleichen Betrages von Greenbacks, später auch Schatznoten von 1890 nur in Abschnitten von 5000 und 10 000 Dollars ausgegeben. Sie sollten offenbar zur Erleichterung des Groß- und resp. Bankverkehrs dienen. Das Gesetz bestimmte daher auch, sie können zur Zahlung des Clearinghouse-Saldos sowie zu Bankreserven Verwendung finden. Ihre Einlösung soll „be payable on demand in United States notes, at the place where the deposits were mads". Also auch in dieser Beziehung unterlagen sie einer großen Beschränkung. Das Gesetz von 1900 beseitigte sie vollends. Es standen damals ca. 16 290 000 Dollars von ihnen aus. Sie befanden sich fast ausschließlich in den Händen von Banken und verschwanden sehr bald. Zum Gelde können sie wenigstens nach den Begriffen der staatlichen Theorie nicht gezählt werden, da sie an Ordre lauten. Dies widerspricht ja dem Charakter des Geldes direkt. Sie dürfen somit füglich übergangen werden.

Fortbleiben aus unserer Darstellung und Charakterisierung müssen ebenfalls die oft, besonders in Krisenzeiten, viel genannten Clearinghouse-Zertifikate. Sie sind papierene Geldzeichen, die auch zumeist in größeren Abschnitten von der Gesamtheit der Mitglieder des Clearinghouse's auf Grund von Deponierung sicherer Effekten in Zeiten der Not gegen einen verhältnismäßig hohen Zins ausgegeben werden. Die Absicht ist, und sie wird auch zumeist erreicht, den beteiligten Firmen die gewohnten Umsätze mit dem Clearinghouse zu ermöglichen, ohne daß sie das dann zumeist vorhandene große Agio auf Metall- oder Geld überhaupt zahlen müssen. Für kurze Zeit pflegt die Ausdehnung dieses Zahlungmittels recht beträchtlich zu sein. Ihre Emission betrug z. B. in Millionen Dollars

1860	7 375	1873	26 565	(mitgeteilt von
1861	22 585	1884	24 915	Hepburn in
1863	11 471	1890	16 645	seinem „Contest
1864	17 728	1893	41 490	for sound money)“.

Es sind das rein private Zahlungsmittel. Solange daher ihre Annahme an den staatlichen Kassen nicht erfolgt, was bisher u. W. der Fall nicht gewesen ist, können sie nicht zum staatlichen Gelde gerechnet werden. Sie bleiben lediglich auf die private Zahlgemeinschaft beschränkt, welche sie ausgegeben hat.

Wenden wir uns nun wieder der Gesamtverfassung zu.

4. WIE WEIT SIND DIE BEIDEN ZWEIGE DER HYLODROMIE AUSGEBILDET?

In Amerika besteht zur Zeit Chrysodromie, nämlich Hylodromie des Metalles Gold. Es ist dies einmal die Folge der unbeschränkten Annahme von Gold zur Verwandlung in Geld (freie Ausprägbarkeit; Hylolepsie), wie sie seitens des Schatzamtes stets stattfindet. Sodann ist andrerseits der Inhaber anderer Geldarten stets in der Lage, Gold zu erlangen. Warum? Der Staat behandelt ja sein Goldgeld valutarisch und gibt es daher stets auf Verlangen heraus.

5. FINDET EXODROMIE STATT UND IN WELCHER FORM?

Vor einer Reihe von Jahren charakterisierte Cornelis Rozenroad in einem in London gehaltenen Vortrage die Ursachen der Goldentziehung, die Amerika trotz günstiger Handelsbilanz immer von neuem heimsucht, trefflich folgendermaßen: „Trotz des günstigen Saldos, der nunmehr bereits seit einer Reihe von Jahren besteht, sind die Vereinigten Staaten stets Schuldner. Das unverkennbare Barometer der Lage neigt fortwährend dem Punkte zu, welcher Goldexporte gewinnbringend erscheinen läßt. Der Notenumlauf, der Ankauf europäischer Dampferlinien und die Beteiligung führender amerikanischer Bankiers an europäischen Industrie-Unternehmungen, schließlich aber auch die Rimessen, die zur Rückzahlung der von amerikanischen Firmen in London wie in Paris aufgenommenen Darlehen gemacht werden müssen, sind hauptsächlich dafür verantwortlich, daß die Vereinigten Staaten fast stets die Wechselkurse gegen sich gerichtet sehen und anhaltend Gold verlieren, obwohl ihre Handelsbilanz in so glänzender Weise abschließt". Wir sehen, alles rein pantopolische Gründe. Wie nun, so fragen wir, versuchen die Amerikaner eine Sicherung ihres Wechselkurses herbeizuführen? Mit welchen Mitteln arbeiten sie, um ihre Goldwährung aufrecht zu erhalten? Oder sehen sie etwa all dem ruhig zu? Nein, keineswegs!

Ein entschieden sehr wirkungsvolles Mittel, welches in England und in Deutschland mit bestem Erfolge angewandt wird, ist die Erhöhung des Diskontes der Zentralnotenbank. Dies ist in Amerika nicht möglich. Es existiert eben kein mächtiges Zentralinstitut, das den nötigen Einfluß auf den Zinsfuß im ganzen Lande auszuüben vermöchte. An seiner Stelle gibt es mehrere tausend Nationalbanken. Die nötige Einheitlichkeit ist bei ihnen auf dem genannten Gebiete nicht zu erreichen.

Statt dessen ist es der Schatzkontrolleur, dem die Sorge für die Währung zufällt. Ungeeignet oder wenigstens bedeutend weniger geschickt dazu macht ihn seine oft verhältnismäßig geringe Kenntnis der in Betracht kommenden Umstände. Die reiche Erfahrung, welche den Banken infolge der Natur ihres Geschäftsbetriebes auf diesem Gebiete zu Gebote steht, mangelt ihm. Er stößt infolgedessen auf viel mehr Schwierigkeiten und ist eher Fehlgriffen ausgesetzt. Zudem wechselt er alle 4 Jahre mit jeder Präsidentschaftswahl seinen Posten. Es ist infolgedessen keine ruhige sichere Führung in bestimmten, einmal als richtig anerkannten Bahnen gewährleistet. Was der eine angeordnet hat, kann schon sein Nachfolger demnächst ins Gegenteil verkehren. Die Bildung einer Tradition ist so gut wie ausgeschlossen. Dafür vereinigt er in seiner Person oft eine große, manchmal nahezu unbedingte Machtfülle. Er ist in der Wahl der Mittel weniger gebunden als ein Bank-Direktorium. Die Gewalt über das gesamte Geld- (Münz-, Papier- und Banknoten-) wesen liegt in seinen Händen.

Und in der Tat ist es den Schatzkontrolleuren bisher stets gelungen, die ihnen gestellte Aufgabe, über die Goldwährung zu wachen, zu erfüllen.

Seit den 90er Jahren, besonders 1895 haben sie bewußt exodromische Verwaltung getrieben. Damals geschah es, wie an anderer Stelle ausführlich geschildert worden ist, mit Hilfe von Banken. Seit 1900 schreibt ihnen das Gesetz vor, eine Goldreserve von 150 Millionen Dollars zu halten, dem Wortlaute nach zur Einlösung der Greenbacks, dem Sinne nach, um die proklamierte Goldwährung aufrecht zu erhalten. Es werden ihm da auch kleine exodromische Mittel, am letzten Ende die Aufnahme einer Goldanleihe an die Hand gegeben, falls jene Reserve unter 100 Millionen Dollars gesunken ist, oder besser gesagt, der Goldwährung Gefahr droht.

Von der Anwendung dieser Mittel ist uns nichts bekannt

geworden. Vielleicht hielt man sie teilweise für ungenügend, teilweise, besonders das letzte, für zu kostspielig.

Dafür erprobte der Schatzkontrolleur Shaw laut „Wallstreet Journal vom 8. September 1906" einen ganz neuen exodromischen Eingriff im Frühjahr und Herbst 1906. Wir fühlen uns fast versucht, ihn als 5. Fall sehr deutlicher Art den von Knapp in seiner staatlichen Theorie aufgeführten anzureihen.

Es handelt sich dabei um eine Art zinsfreier Vorschüsse auf Gold, die das Schatzamt zunächst den Nationalbanken, später auch anderen Bankinstituten gab.

Am 12. April 1906 ließ nämlich der Schatzsekretär durch das subtreasury in New York jeder Nationalbank für den Zweck des Goldimportes Regierungsgelder bis zum Betrage von 5 Millionen Dollars zinsfrei zur Verfügung stellen. Um solche Gelder zu erhalten, hatten die betreffenden Banken nur glaubhaft zu machen, daß sie die ihnen überwiesene Summe wirklich dazu zu benutzen beabsichtigten, um sich Gold aus dem Auslande zu verschaffen. Das importierte Metall war sodann an das Schatzamt abzuliefern. Die Opfer, besonders das des Zinsverlustes, der regelmäßig mit Metallverschiffungen verbunden ist, nahm auf diese Weise die Regierung auf sich.

Wie wirksam und erfolgreich dieser vom Staate eingeschlagene Weg, den intervalutarischen Kurs zu sichern, war, beweist die Tatsache, daß in den ersten zwei Tagen, als das Angebot nur im geheimen den Nationalbanken gemacht war, 12 Millionen und sodann, seit es am 14. April allgemein bekannt geworden war, binnen 6 Wochen nicht weniger als 50 Millionen Dollars in New York und Boston zusammen zur Erleichterung der Goldeinfuhr hinterlegt wurden. Zirka 45 Millionen Dollars Gold sind auf diese Weise in dem genannten Zeitraume importiert worden.

Im Herbste 1906, etwa am 5. September, wiederholte der Schatzsekretär das gleiche Experiment. Jetzt ward auch die Beteiligung anderer Banken zugelassen. Der Erfolg war ein abermaliger Import von ca. 50 Millionen Dollars Gold bis zum 22. Oktober 1906. Da nämlich setzte die Erhöhung des Londoner Bankdiskontes auf 6 % den so getätigten Goldeinfuhren ein Ziel.

Auf welche Weise aber gelang es den Banken, vom Auslande soviel Gold in verhältnismäßig kurzer Zeit herbeizuziehen? Sie vermochten das allein durch künstliche Einwirkung auf den intervalutarischen Kurs, also pantopolisch. Vermutlich brachten sie dies praktisch dadurch zuwege, daß sie vor allen Dingen große Finanzwechsel auf Europa, besonders England zogen und die so entstandenen Guthaben in Gold effektuierten. Es waren dies natürlich nur Maßregeln vorübergehender Art. Sie konnten nur solange wirklich erfolgreich sein, als die Zinssätze der europäischen Zentralbanken nicht hoch genug waren, um der Zinsfreiheit, deren sich die von der amerikanischen Regierung den Banken zur Verfügung gestellten Gelder erfreuten, die Wage zu halten. Sobald das eingetreten war, lag für die amerikanischen Banken kein Anreiz mehr zum Import von Gold vor.

In welcher Weise die Vereinigten Staaten von Amerika sich in Zukunft in dieser Beziehung verhalten werden, besonders, wenn einmal eine ernstliche und langanhaltende Schwankung ihres intervalutarischen Kurses zu Europa eintreten sollte, läßt sich nicht einmal vermuten. Es hängt das u. E., sowie die Dinge zurzeit (1907) noch immer liegen, lediglich von dem jedesmaligen Schatzsekretär ab, da ihm hierin verhältnismäßig freie Hand gelassen ist.

Sollte allerdings einst wieder eine Zentralbank, was wir kaum glauben, in Amerika geschaffen werden, so würde ihr wahrscheinlich eine große Rolle auf diesem Gebiete zufallen.

Zum Schluß endlich können wir es nicht unterlassen, noch ausdrücklich einmal darauf hinzuweisen, was jedem, der den vorhergehenden Ausführungen mit einigem Interesse gefolgt ist, sicher aufgefallen ist. In den Vereinigten Staaten von Amerika können wir den gleichen Vorgang, auf den Knapp unsere Aufmerksamkeit bezüglich der alten Kulturländer gelenkt hat, beobachten. Es ist das Anwachsen und Überhandnehmen der notalen Geldarten im inneren Verkehr in der neueren Zeit.

Ein charakteristisches Bild davon geben uns ein Ausweis

des Schatzamtes vom 1. März 1903, mitgeteilt von G. Obst, und eine Analyse des Geldvorrates per 1. September 1906 nach Ad. Hasenkamp. Sie lauten in Millionen Dollars:

	Schatzamt 1. März 1903.	Umlauf 1. Sept. 06	Schatzamt
Goldmünzen	625263	676180	261584
Goldzertifikate	373132	519966	49774
Silberdollars	75151	78939	791
Silbzertifikate	457154	473293	8099
Scheidemünze	91990	113400	5409
Treasury Notes 1890	22125	7112	17
Greenbacks	342393	338729	7952
Nationalbanknoten	366788	559297	10557

Beweisen diese Zahlen nicht zur Genüge, daß die Verwendung des hylogenisch-orthotypischen = baren Geldes eine verhältnismäßig geringe ist! Das Gleiche geht und mit noch größerer Deutlichkeit aus den Berechnungen von J. J. Knox bezüglich der Art, in der die meisten Zahlungen in der Union beglichen werden, hervor. Er ermittelte nämlich, daß bereits im Juni 1881 95,1% aller Zahlungen auf dem Wege des Check- und Abrechnungsverkehrs, 4% in Papiergeld und dem gegenüber nur 0,9% in barem Gelde (darin ist noch alles notale Silbergeld enthalten) stattfanden. Wir sehen, die bargeldlose Zahlungsweise nimmt immer mehr und mehr überhand.

Es dient eben, zu diesem Schlusse wird man durch die angeführten Tatsachen fast unabweisbar gedrängt, das Gold in Amerika fast allein exodromischen Zwecken. Das notale Geld versieht, solange der Inlandsverkehr allein in Betracht kommt, mindestens in gleich guter, vielleicht sogar in vollkommenerer Weise, den Dienst des Geldes wie das bare, hylogenisch-orthotypische Geld.

LITERATUR.

E. Ballero: Le système des Banques aux États-Unis. Paris 1903.

M. Brandt: Der Währungs- und Wahlkampf in den Vereinigten Staaten von Amerika. Stuttgart 1896.

J. Ch. Bullock: Essays on the monetary history of the United States New York 1900.

F. A. Cleveland: The bank an the treasury. New York 1905.

A. B. Hepburn: History of coinage and currency in the United States and the perennial contest for sound money. New York 1903.

Frh. v. Hock: Finanzen und Finanzgeschichte der Vereinigten Staaten. Stuttgart 1867.

Adolf Hasenkamp: Die Geldverfassung und das Notenbankwesen der Vereinigten Staaten. Jena 1907.

J. J. Knox: History of Banking in the United States. New York 1900.

Derselbe: United States notes. New York 1884.

J. L. Laughin: The history of bimetallisme in the United States. New York 1897.

A. del Mar: The history of money in America. New York 1899.

National Bank Organization 1812—1904.

G. Obst: Notenbankwesen in den Vereinigten Staaten von Amerika. Leipzig 1903.

H. V. Poor: Money and its laws. London 1877.

Dr. Max Prager: Die Währungsfrage in den Vereinigten Staaten von Nordamerika. Stuttgart 1897.

Derselbe: Die Währungs- und Bankreform in den Vereinigten Staaten von Amerika. Berlin 1900.

Raffalovich: Marché financier 1894.

W. G. Sumner: History of American currency. New York 1875.

Derselbe: History of banking in the leading nations.

Taussig: The silver situation in the United States. New York 1892.

H. White: Money and Banking. Boston & London 1896.

Max Wirth: Geschichte der Handelskrisen. Frankfurt a. Main 1890.

Zur Vorgeschichte des Präsidentenwahlkampfes in den Vereinigten Staaten. Stuttgart 1897.

G. F. Knapp: Staatliche Theorie des Geldes. Leipzig 1905.

Coinage laws of the United States 1792 to 1903. Washington 1904.

The international monetary conference of 1878.
